G. PATURET



# LA CONDITION JURIDIQUE DE LA FEMME DANS L'ANCIENNE ÉGYPTE

Elibron Classics
www.elibron.com

Elibron Classics series.



ISBN 0-543-97139-2 (paperback)
ISBN 0-543-97138-4 (hardcover)

This Elibron Classics Replica Edition is an unabridged facsimile of the edition published in 1886 by Ernest Leroux, Paris.

LA

# CONDITION JURIDIQUE DE LA FEMME

## DANS L'ANCIENNE ÉGYPTE

ANGERS, IMP. BURDIN ET $C^{ie}$, RUE GARNIER, 4

ÉCOLE DU LOUVRE

LA

# CONDITION JURIDIQUE

## DE LA FEMME

## DANS L'ANCIENNE ÉGYPTE

PAR

G. PATURET

ÉLÈVE DIPLOMÉ DE L'ÉCOLE DU LOUVRE, AVOCAT A LA COUR D'APPEL

AVEC UNE LETTRE A L'AUTEUR

PAR M. REVILLOUT

PROFESSEUR A L'ÉCOLE DU LOUVRE

PARIS

ERNEST LEROUX, ÉDITEUR

28, RUE BONAPARTE, 28

1886

# TABLE DES MATIÈRES

# ERRATUM

---

Page 11, ligne 11, *au lieu de :* et recommande, *lisez :* il recommande.

Page 27, ligne 12, après ni frère ni sœur, *ajoutez :* ni fils, ni fille.

Page 38. Une grave erreur typographique a fait intercaler deux lignes de points après la 11e ligne, immédiatement avant l'acte de Darius, et en même temps supprimer quelques lignes en bas de la même page. Après ces mots : « Je vous cède tel droit, je vous donne telle chose, et cela sans conserver aucun droit de jugement (d'appel en justice), » *il faut lire :* « Cette coutume de la maîtrise du fils aîné ou de la fille aînée fut conservée soigneusement sous les Lagides : mais alors un pas de plus fut fait dans le sens de l'individu. A ce moment l'usage est que le fils aîné, comme le père, faisant les partages, dise à chacun des enfants plus jeunes : « Je te donne, » etc...

Page 39, ligne 4, *lisez :* Mais il n'en est plus ainsi à la fin de l'époque lagide.

Page 60, dernière ligne de la note 2, *après :* les conventions, *ajoutez :* nuptiales.

# LETTRE A L'AUTEUR

MON CHER AMI,

Votre thèse soulève de très intéressantes questions, fort bien et fort clairement étudiées par vous. Permettez-moi de vous faire part de quelques réflexions qu'elle m'a suggérées et qui compléteront, je crois, votre lumineuse exposition.

Votre point de départ me paraît parfaitement juste. Vous avez eu raison de repousser « la théorie des droits de la mère » et de vous attacher simplement au fait de l'égalité des deux sexes dans la vallée du Nil. Comme vous l'avez dit excellemment (p. 7), « la puissance de la femme en Égypte ne repose pas sur l'idée de mère, elle repose tout entière sur l'idée de femme », et les preuves que vous en avez données ne laissent aucun doute à cet égard. Mais vous vous demandez d'où cette égalité peut venir, vous dites (p. 1 et p. 8) que cet usage est tout particulier à l'Égypte. Votre doute économique m'étonne et votre opinion historique me semble trop avancée.

En somme, il est tout aussi naturel philosophiquement d'admettre l'égalité primitive des deux sexes, que d'admettre « les droits de la mère ». Les « droits » : cette expression même n'est elle pas bien moderne? *Summum jus summa injuria.* Les peuples primitifs jugeaient surtout d'après la nature des choses, et au point de vue naturel la femme vaut l'homme, comme l'homme vaut la femme. Ce que l'homme peut obtenir par la force, la femme peut l'obtenir par la ruse et par cette toute-puissance quasi divine que Dieu a placée dans son regard et dans son cœur. Non! les droits de la femme ne lui viennent pas de l'enfant. L'enfant n'est que le résultat providentiel de l'amour, et c'est l'amour qui en fait la reine de l'univers.

En fait, nous voyons qu'il en était ainsi dans les plus vieilles civilisations. Quoi de plus gracieux que les récits d'Homère, en ce qui concerne l'épouse véritable? La captive Briséis n'a-t-elle pas pour contraste la reine Pénélope, cette femme libre et dotée? la dame Rebecca, l'esclave Agar? En effet, tous les monuments primitifs égyptiens, grecs ou hébreux, nous montrent également les concubines esclaves à côté de la maîtresse de maison; et c'est même de cet usage des concubines qu'est venue pour les femmes libres une seconde sorte de mariage, tout aussi honoré que l'autre, quand leur origine l'était. Vous vous rappelez les plaintes des filles de Laban, prétendant que leur père les a mariées sans dot, comme des esclaves : et cependant ces femmes, nées libres, restent telles, après ce mariage quasi servile, et l'on ne saurait les assimiler aux esclaves ordinaires à la façon d'Agar. Bien plus, comme souvent l'épouse chinoise dont nous aurons à parler, ce sont elles qui prêtent à leur mari leurs esclaves et qui ensuite s'attribuent à elles-mêmes les enfants ainsi produits. Ces enfants sont libres et légitimes comme en Égypte, bien que nés de femmes esclaves[1]. Ces enfants ont des droits égaux comme en Égypte, sauf, avec la bénédiction paternelle, une sorte de prééminence attribuée à l'aînée et tout à fait comparable à la situation de l'aîné κυριός, si bien décrite par vous. L'assertion de Diodore sur la non bâtardise des fils nés de l'esclave, déjà confirmée par l'histoire du grand-prêtre de Memphis que j'ai racontée dans la *Revue égyptologique*, l'est donc aussi par les récits de la Genèse. Nous nous trouvons en face d'un même courant juridique qui a précédé celui auquel nous ont habitué les jurisconsultes. Rachel et Lia mariées par leur père à la suite d'un marché dont elles sont le prix, me paraissent pour ma part très comparables à l'Égyptienne Ténesi se vendant elle-même en mariage, et à la jeune fille que son père et ses frères vendent en mariage à l'Égyptienne Nitocris pour être la femme de son fils Tachos.

C'est le mariage *libre* par *coemptio* qui se dresse à côté du

1. Ce que prouve également l'aventure d'Ismaël, chassé tout enfant avec sa mère, pour éviter ses revendications partielles sur l'hérédité d'Isaac. En somme, comme le prince dans le roman démotique de *Setna*, Abraham voulait se débarrasser d'un fils gênant, et s'il ne l'a pas tué, il attendait du désert semblable service.

mariage d'égalité ou par *confarreatio*. Comme vous l'avez fort bien répondu à une question de M. Dareste, lors de la soutenance si brillante de votre thèse, les effets de ces deux mariages sont tout à fait identiques chez les Égyptiens (ainsi du reste que chez les Hébreux et les Assyriens). Mais pendant que, là, le mariage d'égalité relevait pour les libres le mariage servile, ailleurs le mariage servile abaissait le mariage d'égalité.

Tel a été pour les plébéiens de Rome le mariage *in manu* imité de la brutalité dorienne et qui a d'abord ravalé la *confarreatio*, malgré sa formule consacrée *ubi tu Gaius et ego Gaia*[1], au même degré que la *coemptio*, c'est-à-dire qu'un marché vulgaire, puis finalement l'a presque complètement fait disparaître. Je vous disais que cet abaissement de la femme, amené par la loi des Douze Tables, était également imité de la brutalité dorienne. Toutes les traditions de Rome sont là pour en témoigner. Les *decemviri* qui ont promulgué les Douze Tables, représentent cette magistrature de dix hommes installée alors par les Spartiates dans toutes les villes de leur domination. Et puis vous vous souvenez de la légende des Romains envoyés en Grèce, pour étudier à cette occasion la législation. Cette légende, c'est de l'histoire. L'abaissement de la femme, comme celui de l'enfant, comme celui de l'esclave, représente en effet une nouvelle couche juridique comparée par le cœur des peuples à l'âge de fer, succédant à l'âge d'or et dont l'origine dans le monde gréco-latin remonte à l'invasion dorienne. Je le disais déja dans ma leçon d'ouverture d'il y a deux ans et dans ma conférence à la Sorbonne, à laquelle vous avez également assisté. Depuis, M. Ravaisson est aussi revenu sur ce sujet, dans une longue et mémorable discussion de l'Académie des sciences morales et politiques. Cet illustre maitre admet également un temps de simplicité, d'humanité et de concorde antérieur aux temps de violences et de discordes : « Dans cette manière de voir, nous dit-il, dont l'imagination fit ensuite un *âge d'or*, il n'y avait ni compétition, ni partage. Les hommes se considéraient comme des frères que nourrissait la mère commune... Tout étranger ou

1. D'après Denys d'Halicarnasse, ce mariage sacré emportait même la communauté des biens entre le mari et la femme. L'application de la *manus* à la *confarreatio* est donc un contresens entraîné par les lois populaires des Douze Tables. Et cependant elle a été plus tard considérée comme tellement essentielle à ce mariage que c'est elle qui en a dégouté, lors de l'introduction du *jus gentium* dans le droit romain.

mendiant, dit Homère, nous vient de Jupiter. En voyant approcher un étranger, la première pensée qui s'offrait, comme on le voit aussi chez Homère, était que ce pouvait être un Dieu. Un philosophe moderne a dit : *homo homini lupus*. Les hommes des anciens jours auraient dit plutôt : *homo homini deus.* »

Seulement M. Ravaisson attribue ces sentiments philanthropiques des nations primitives à une indivision des terres, que n'a pas connue cet Homère si souvent cité par lui ; tandis que M. Fustel de Coulange semble voir dans cette propriété commune le souverain mal, incompatible avec toute civilisation un peu avancée. Je crois que la vérité est entre les deux, comme le disait déjà alors M. Aucoc. En fait, le collectivisme des terres, que M. Ravaisson considère comme primitivement général, ne l'a été que chez les peuples pasteurs ; tandis que chez les peuples agriculteurs, les Égyptiens, les Babyloniens et les Grecs[1], il ne s'est produit qu'à une époque secondaire et souvent très connue et très bien déterminée de leur histoire. Les données de M. Ravaisson sur l'âge d'or, c'est-à-dire sur un état social plus doux que l'âge de fer des Doriens et des Romains de la République, n'en sont pas moins incontestables. Toutes mes études récentes sont venues confirmer sous ce rapport ce que je disais déjà, en décembre 1883, dans ma leçon d'ouverture citée plus haut. Permettez-moi de reproduire ici le texte de cette leçon relative aux mêmes questions que la discussion académique :

« La légende de l'âge d'or et de l'âge de fer repose-t-elle sur quelque fondement réel ? On est tenté de le croire quand on examine les origines du droit chez les différents peuples anciens. Qu'on consulte d'une part la Genèse, l'*Odyssée* et les plus vieux documents juridiques de Rome et de l'Égypte, d'une autre part, le droit romain et le droit grec de l'époque classique, on est tout d'abord frappé d'un contraste absolu, d'une opposition choquante et complète. Autant la première période paraît douce, naturelle, et d'une simplicité suave pour ainsi dire, autant la seconde semble toujours partir de fictions cruelles et contraires à la nature.

« Je citerai, par exemple, l'esclave :

1. Les actes de Warka nous prouvent que plus de deux mille ans avant J.-C., chez les Chaldéens, la propriété était absolument privée. Les terres sont l'objet de ventes, de partages, d'échanges, etc., comme chez les peuples les plus modernes.

« L'esclave dans Homère, dans la Bible et dans les textes égyptiens, est un homme comme les autres. Un malheur, un fait de guerre ou de piraterie l'a arraché à ses foyers et l'a livré pour de l'argent à un maître. Mais dès lors il appartient à cette nouvelle famille. Un lien d'affection mutuelle et des devoirs réciproques rattachent le patron à son serviteur. Qu'on lise dans la Genèse l'admirable légende de cet esclave dont Abraham songeait à faire son héritier, de cet esclave que le patriarche chargeait d'aller choisir une épouse à son fils. Qu'on parcoure dans la loi les prescriptions de Moïse assurant à l'esclave une place au foyer domestique, ne permettant pas de le violenter outre mesure sans le rendre à la liberté, lui promettant cette liberté même au bout de quelques années, lui donnant en attendant la possibilité d'avoir déjà une femme et des enfants légitimes. Que du monde hébreu on passe au monde grec, de Moïse à Homère : — quoi de plus touchant que les aventures de cet Eumée, fils de roi enlevé par des pirates phéniciens et vendu à Ulysse ? Eumée, dès lors, ne songe plus qu'à son maître, se dévoue à chaque instant pour ses intérêts. Mais il ne faut pas oublier que, de leur côté, Ulysse et Télémaque ont pour lui les plus grands égards. Ils lui donnent toute latitude pour diriger comme il l'entend la ferme dont il est chargé, pour l'agrandir et y recevoir les étrangers, y pratiquer l'hospitalité et l'aumône de la façon la plus large. Quand il vient au palais, il s'assoit à la table du maître, comme chez les Juifs, et tout le monde s'empresse de le servir, jusqu'aux personnes libres. Je sais bien qu'en même temps un autre homme de cette condition, également choyé et entouré lorsqu'il prend part aux festins communs, a trahi ses maîtres pour passer au parti des prétendants leurs ennemis. Je sais que d'autres serviteurs mâles et femelles suivent son exemple et que la domesticité d'Ulysse se trouve ainsi, comme ses sujets, divisée en deux factions. Mais si le roi les punit de mort, n'en fait-il pas autant pour les prétendants et pour leurs autres complices ? En cela, et presque en toute chose, les esclaves se confondent pour ainsi dire avec les personnes libres. Aussi le maître doit-il, quand il en est satisfait, leur donner une famille et une maison. S'il vient, contrairement aux coutumes, à séduire une femme à son service, l'enfant né de cette « union passagère réprouvée par la loi, » est libre. Il suit la condition de son père et peut succéder à la couronne comme le bâtard de

Ménélas. Ce qu'Homère nous peint pour la maison d'Ulysse, il nous le peint pour toutes les autres maisons dont il parle, soit en Grèce, soit en Phénicie, soit en Égypte et dans tout le monde connu de son temps. Selon le poète, l'état social était partout à peu près identique à cette époque : et les textes viennent en effet confirmer ses affirmations.

« Pour l'Égypte, les documents que nous avons passés en revue le prouvent avec évidence. Nous avons vu que l'esclave était inscrit sur les registres de l'état civil avec le citoyen, qu'il pouvait aussi être poursuivi en justice pour ses crimes et ses délits, et se refugier dans un temple pour quitter le service du maître qui avait abusé de son autorité. Les contrats cités par nous et remontant à Psammétique et à Darius nous montrent : d'une part, que l'esclave mâle avait une généalogie, des enfants à lui, qu'il pouvait, dans certaines conditions et à certaines époques, réclamer sa libération, ou au contraire y renoncer d'après une législation analogue à celle de la loi de Moïse; d'une autre part, que l'esclave femelle était souvent une épouse de seconde catégorie qui, ingénue, avait volontairement consenti à cette sorte d'asservissement dans un but spécial, mais en ajoutant aussitôt : « Adjuré soit Amon! Adjuré soit le roi! tu ne pourras te faire « servir en dehors de moi par une autre servante encore. Tu ne « pourras dire : qu'il te plaît de faire en toute similitude que « plus haut. Il n'y a point à faire de similitude de ces choses. « Il n'y a point à dire également que je puis échapper de la « chambre dans laquelle tu es. » Ce mariage servile, qui existait aussi chez les Juifs, est en tout comparable au mariage par *coemptio* des anciens Romains, mariage dans lequel la femme se vendait à son futur époux et se mettait *in manu* à sa complète discrétion comme l'Égyptienne disant : « Tu m'as donné, et « mon cœur en est satisfait, mon argent pour être à toi servante. « Je suis à ton service : Personne au monde ne peut m'écarter de « ton service; Je ne puis y échapper. Je te donne encore jusqu'à « argent quelconque, blé quelconque, totalité de choses au « monde, et mes enfants que j'enfanterai et tout ce que je possède « et posséderai, même les vêtements qui sont sur mon dos, depuis « l'an IV, mesoré, ci-dessus, en année quelconque, jusqu'à jamais « et toujours. Celui qui viendra à toi pour t'inquiéter à cause de « moi, au nom de parole quelconque du monde, en disant : — Ce « n'est pas ta servante, celle-là, — te donnera argent quelconque,

« blé quelconque qui plairont à ton cœur; et ta servante sera « ta servante encore, ainsi que mes enfants. Tu es maître sur « eux, en tout lieu où tu les trouveras. » Évidemment l'esclavage était une chose bien peu dure pour qu'une femme libre se réduisît par amour à cette condition[1] : et comme la *coemptio* latine se rapporte à un acte primitivement identique, nous devons penser la même chose de l'esclavage primordial des anciens Latins, ce que nous prouvent également beaucoup d'autres indications. Aussi ne faut-il pas nous étonner si chez les Égyptiens le maître traitait son esclave en homme, ayant sa volonté, sa dignité, et disait en le vendant : « Tu m'as donné et mon cœur « en est satisfait, l'argent pour faire à toi esclave le jeune homme « Psen... fils de Thotmès, dont la mère est Seteirban, mon « esclave, que j'ai acheté pour argent d'Ahmès fils de Pamin, « dont la mère est... qui m'a écrit à son sujet un écrit en l'an V, « pharmouthi, du roi Darius. Je te l'ai donné comme serviteur. « Qu'il soit ton serviteur celui-là, ainsi que ses enfants et tota- « lité de ce qui est à eux et de ce qu'ils feront être (de leurs biens « présents et à venir). — Ils ne pourront échapper à la faction « d'esclave ci-dessus», et si de son côté, l'esclave consentait, à ce qui plus tard ou partout ailleurs se faisait en dehors de lui, dans une adhésion spéciale ainsi conçue : « Le jeune homme Psen... « fils de Thotmès, dont la mère est Seteirban; ci-dessus nommé, « dit : J'ai écrit pour accomplir toute parole ci-dessus, mon « cœur en est satisfait. Je suis ton serviteur, ainsi que mes « enfants et totalité de ce qui est à nous et de ce que nous ferons « être. Je ne puis faire opposition à l'asservissement ci-dessus, à « jamais. » Quelle différence entre cette servitude et celle de la loi des Douze Tables reduisant l'esclave à la situation de chose, *mancipium*, l'assimilant aux brutes et aux êtres inanimés, lui interdisant la possibilité d'avoir une femme, des enfants, une famille à lui, le livrant aux caprices et à la brutalité de son propriétaire — qui peut, s'il le veut, le jeter dans un étang pour en nourrir ses poissons, ainsi que plus d'un le firent; abuser lui-même de sa pudeur, comme presque tous; lui vendre, comme Caton le censeur, des rapports transitoires *à la nuit* avec les esclaves d'un autre sexe; ou, comme lui encore, l'aban-

1. L'acte d'adoption, trouvé depuis cette leçon, prouve que la mancipation étiat alors surtout une forme de droit, ne changeant pas la condition réelle, soit de l'épouse, soit du fils.

donner dans une île sans nourriture quand il ne peut plus travailler. Et cet esclavage là n'est pas seulement l'esclavage romain, c'est l'esclavage d'une certaine époque, suite naturelle des abus de la force et des grandes conquêtes. C'est l'âge de fer succédant à l'âge d'or. Nous le retrouvons en Grèce postérieurement à l'asservissement de la race ionienne par la race dorienne, quelque temps après l'esclavage si doux qu'avait peint Homère. Quand les enfants même des compagnons d'Agamemnon et de Ménélas eurent été réduits au triste rang d'ilotes par les nouveaux Spartiates, ces malheureux ne furent, eux aussi, plus considérés comme des hommes. Le citoyen pouvait et devait en tuer quelques-uns à certains jours pour s'habituer aux embuscades de la guerre; il lui était interdit de les laisser en état de trop belle santé, et il était puni s'ils engraissaient.

« Je ne ferai pas ici le lamentable tableau de la servitude de l'époque classique; car il a été tracé de main de maître par M. Wallon. Je me bornerai à faire observer que les Athéniens seuls conservèrent à l'esclave quelque chose de ses anciennes prérogatives et continuèrent à le traiter plus humainement. Cela tenait à ce que les Athéniens se donnaient pour le seul peuple autochtone du monde hellénique, c'est-à-dire qu'eux seuls représentaient (avec les villes de l'Asie Mineure) cette race ionnienne si puissante naguère et qu'avaient partout chassée les Doriens. Par une raison analogue, les Égyptiens, constituant depuis bien des siècles une nationalité distincte, un faisceau que les invasions étrangères ne purent jamais complètement rompre et que venaient fortifier encore leurs traditions religieuses si tenaces, respectées par leurs vainqueurs, conservèrent plus longtemps que les autres peuples leurs traditions de douceur par rapport aux gens qui les servaient. Mais déjà à l'époque lagide, au moins pour les étrangers, l'esclavage était devenu en Égypte beaucoup plus dur. La pièce relative à une réclamation d'esclaves qu'a publiée M. Letronne suffirait à elle seule pour établir ce point. Il s'agirait d'un cheval ou d'un bœuf égaré, qu'on n'agirait pas autrement.

« Le mouvement d'égoïsme qui faisait du vainqueur un tyran, était alors devenu irrésistible et universel. D'ailleurs ce mouvement ne s'appliquait pas seulement à l'esclave, mais à l'épouse même et au fils. Celui qui possédait et qui avait la force, s'était mis à penser que lui seul comptait, jusqu'à ce qu'un autre égoïsme vînt se heurter contre le sien.

« Dans le vieux droit romain antérieur à la révolution populaire qui donna naissance à la loi des Douze Tables, la femme libre, l'épouse légitime, qu'il ne faut pas confondre avec la femme *in manu* que la *coemptio* avait livrée à un citoyen, était pleinement l'égale de l'homme. Elle était la *mater familias*, comme son mari était le *pater familias*. Elle lui disait dans la sainte cérémonie de la communion du pain ou *confarreation* : *ubi tu Gaius et ego Gaia*. Où tu es le maître, je suis aussi la maîtresse. Selon Denys d'Halicarnasse tous leurs biens étaient alors communs d'après le droit sacré. Les textes s'accordent à nous prouver que dès lors le mariage était absolument indissoluble jusqu'à la mort de l'une des parties. Après le décès même de son époux, la femme qui voulait pouvoir entrer dans le temple de la pudeur, qui voulait passer pour une honnête femme, ne pouvait se remarier. Les seuls enfants vraiment légitimes, les seuls qui pussent parvenir aux divers sacerdoces étaient ceux qui descendaient de semblables unions, essentiellement monogames, c'est-à-dire de l'unique mariage d'un homme et d'une femme, et cela de tout temps, aussi haut qu'on pouvait remonter dans leurs généalogies. Si un de leurs ancêtres avait eu un autre conjoint avant celui qui avait continué la race, cette race devenait impropre au ministère sacré. C'est à une époque relativement récente que l'on imagina la difarréation, analogue à une cérémonie funèbre, faisant cesser les effets de la confarréation et dissolvant le mariage. Mais les parties n'en pouvaient plus contracter d'analogues : leurs unions subséquentes n'avaient plus rien de commun avec le code religieux, et leurs nouveaux descendants, avec la prêtrise. Ce que l'on appelle la monoganie ecclésiastique, la règle interdisant l'ordination d'un prêtre qui aurait été antérieurement marié plus d'une fois, n'a pas d'autre origine que ce vieux droit sacré des Quirites. Seulement, à Rome, le flamine était lui-même marié, et il cessait d'être flamine quand il perdait sa femme, qui devait toujours l'assister dans les sacrifices.

« Tel était le régime matrimonial des citoyens proprement dits, c'est-à-dire des *patres* (ou patriciens) et du peuple (*populus*). Mais en dehors de ces deux classes primitivement uniques, on voit bientôt s'en former peu à peu une troisième, que les textes distinguent toujours expressément des premières et qu'ils nomment la plèbe (*plebs*). Cette plèbe répondait à ce qu'on appelle en droit grec les *métèques* : c'est-à-dire les étrangers habitant sur le sol sacré de la cité à côté des citoyens, dont ils ne partageaient nullement les droits. A Athènes, par exemple, les métèques furent toujours soigneusement écartés de toutes les fonctions publiques et du culte officiel. On exigeait d'eux de très lourds impôts, et on voulait que chacun eût un citoyen pour répondant. A Rome il en fut primitivement de même. La plèbe n'avait rien à voir avec les cérémonies de la religion romaine : ainsi qu'on le lui disait : *Hostis... exesto.* Elle n'avait non plus aucune des prérogatives civiles, aucun des droits de l'homme et du citoyen. Cela dura jusqu'au moment où, devenue beaucoup plus nombreuse que le peuple et pourvoyant aux besoins de la vie de tous, par les petits métiers indignes de l'homme de race, elle se retira sur le mont Sacré et obtint ainsi des privilèges, que vint bientôt après confirmer et agrandir la loi des Douze Tables. Ce fut alors, qu'en dehors du droit sacré, un droit civil uniforme fut introduit pour tous. Sous cette rude étreinte populaire, brisant le vieux droit, la femme perdit naturellement tous ses privilèges : d'égale de l'homme, elle devint son esclave, fut mise *dans sa main*, fut *in manu*, alors même qu'elle avait été unie à lui par la sainte cérémonie de la confarréation ; toute la famille retomba sous l'autorité et en la possession complete de ce soldat vainqueur, *in manu mancipiove*. La mère de famille disparut donc au point de vue légal : il n'y a plus que le barbare *pater familias*, l'homme de la lance [1], le quirite. Je l'ai dit ailleurs, c'était sans doute une conquête pour la plèbe, pour cette plèbe qui n'était pas admise aux *sacra*, qui n'avait pas à proprement parler de mariage, pas plus que de droits quelconques. Pour l'homme du peuple, c'était un progrès que d'avoir une femme sur laquelle il mettait la main et qui dès lors lui appartenait en propre, était sa femme, comme c'était un progrès que de pouvoir maintenant transmettre à d'autres par un acte libre ce qu'il avait acquis : puisque, étranger ou métèque n'ayant pas de *gens* ou de *phratrie*, il ne pouvait se contenter des vieux usages qui, à Rome et en Grèce, avaient surtout pour objectif les familles fondatrices de la cité et conservaient aux vrais

1. C'est l'étymologie que Festus donne pour *quirite*.

citoyens leurs héritages sans qu'ils eussent besoin d'intervenir pour cela. Mais ce qui était un progrès pour la *plèbe* était en même temps un recul pour la civilisation, et le mariage saint et vrai devait sombrer par suite des revendications populaires. Du moment où la *manus* avait été appliquée à la confarréation même et où la femme mariée, sous quelque régime que ce fût, n'était plus que la servante de l'homme, elle se vit réduite à recourir au régime des unions libres. Le nouveau mariage le plus à la mode consista en effet à laisser la femme dans la main du père, qui était censé la prêter à son nouvel époux et pouvait la lui retirer quand il lui plaisait. Si le mari ne *l'usucapait* pas, c'est-à-dire s'il ne faisait pas valoir sa possession pendant une année continue, comme il aurait pu le faire pour un bœuf ou un héritage en déshérence dont il s'emparait, cette femme lui demeurait en quelque sorte étrangère et il n'avait aucune autorité ni sur elle ni sur les biens qu'elle avait apportés. Il suffisait donc, pour qu'elle pût garder un semblant d'indépendance, qu'elle pût retourner chez son père pendant trois jours de suite par an. Mais, comme toute médaille a son revers, le père gardait toute sa puissance sur elle et pouvait, s'il le voulait, la reprendre à son mari pour la donner à un autre. Je n'insisterai pas plus longtemps sur les tristes péripéties du mariage romain : je n'ai voulu que mettre encore ici en parallélisme l'âge d'or et l'âge de fer, c'est-à-dire les deux premiers courants juridiques qui se succédèrent à Rome, antérieurement à l'introduction d'un droit intermédiaire pour ainsi dire, inférieur au premier et supérieur au second, résultant d'un nouvel apport du droit international ou *jus gentium*.

« L'âge d'or du mariage se retrouve aussi en Grèce et en Égypte. Qui de vous n'a lu avec attendrissement les récits d'Homère sur Ulysse et Pénélope : la manière simple, naturelle et toute moderne pour ainsi dire dont le grand poète nous peint l'union conjugale à ces temps reculés ?

« Comme à Rome, la femme est alors pleinement l'égale de l'homme : où il est le maître, elle est la maîtresse. Elle n'est pas renfermée dans un gynécée : mais elle préside avec son mari aux réunions et aux festins, et ne se retire que quand elle le veut dans ses appartements. Si elle est riche, elle possède bien réellement sa dot, qu'elle remporte avec elle à la dissolution du mariage, même si elle a eu un fils de sa précédente union. Quant à sa vertu, elle a pour unique sauvegarde son honneur, et jamais on n'en trafique honteusement comme à l'époque proprement classique. Quelle différence avec la femme du temps de Lysias, d'Isée, de Démosthènes, etc., avec cette femme qui fait partie en quelque sorte d'un héritage, que dis-je ? qui est donnée *par-dessus* l'héritage, d'où lui vient son nom d'*épiclère* : avec cette femme qu'on enferme sous double tour, qu'on empêche de sortir de son appartement sous peine d'infamie, et que cependant on vend et on achète, qu'un maître (ou κυριος) peut, en sa qualité de représentant de la famille dont elle sort, livrer à qui il lui plait, arracher du jour au lendemain à son mari et à ses enfants pour en faire le jouet de quelque libertin auquel le caprice seul la concède ! — Voilà une jeune fille que son père avait mariée avec un époux de son choix. Elle est mère de plusieurs enfants, adorée de son mari, riche et considérée. Bien que toujours renfermée dans le gynécée, elle peut cependant espérer y rester tranquille, sinon heureuse, quand tout à coup son père vient à mourir. Ce père avait oublié pendant sa vie d'adopter son gendre, peut-être afin de garder sur lui plus d'autorité, par un espoir plus longuement différé de sa succession. A sa mort un cousin éloigné vient revendiquer l'héritage et en est investi par le peuple. Aussitôt l'épiclère, c'est-à-dire la fille de celui auquel il succède, lui appartient par-dessus compte, presque au même titre que les chevaux de l'écurie. Il peut la garder pour lui, la donner à un autre ou se borner à l'arracher à son époux. Il va la voir au milieu de ses larmes et ne la trouve plus assez fraîche pour l'aimer. Il se borne donc à lui attribuer une dot dérisoire et à la livrer au premier venu. — N'est-ce pas là de la barbarie ? Et cependant de tels faits sont indiqués comme habituels et presque constants dans les procès que nous avons entre les mains. Il y a même pis encore, et l'on voit des malheureuses abandonnées en même temps à plusieurs libertins qui se la partagent à prix convenu par un contrat authentique. Cela ne les empêche pas du reste d'avoir d'autres femmes en ville. On connait plusieurs affaires relatives à ces doubles ménages produisant les uns et les autres des enfants légitimes ; d'après les textes de loi, ne suffisait-il pas, pour le mariage, qu'une femme eût été cédée et garantie par son κυριος légal ? Mais tout cela avait été introduit, au nom du nouveau principe de la souveraineté collective, par suite d'une de ces législations exclusivistes si admirées des modernes et qui rompaient autant que possible avec les traditions du passé et la morale naturelle. N'est-ce pas pis encore pour la loi de Lycurgue proclamée chez les Doriens vainqueurs? A Sparte, dans l'antique Sparte de Ménélas, l'union légale de l'homme et de la femme défie toute description. Comment parler de ces mariages dans lesquels l'époux est obligé d'aller voir sa femme en cachette, au risque des plus grands dangers, de ces mariages qui n'empêchent pas le premier citoyen venu de demander aux magistrats la permission d'avoir des enfants de la femme d'un autre, de cet état social exigeant les luttes de l'arène entre les jeunes gens et les jeunes filles nues, tout cela pour former, disait-on, un peuple de soldats? O droit de la guerre, ô militarisme abhorré, quels crimes de tout genre ne fais-tu pas commettre, surtout quand on t'érige en principe de gouvernement!

« Détournons nos yeux de pareils spectacles et revenons-en à cette première période si pleine de charmes dans l'histoire de l'humanite.

« Je ne vous dirai qu'un mot des Hébreux. La famille patriarcale dans la Genèse est bien connue de vous et se rapproche singulièrement de la famille grecque dans Homère. Seulement la polygamie, qu'on retrouve également en Grèce, au moins à l'époque classique, est plus habituelle encore chez les Sémites. On ne voit cependant alors rien d'analogue à l'état misérable de la femme arabe claquemurée dans le harem. C'est là un emprunt malheureux fait au nouveau droit international dont nous parlions tout à l'heure et qui s'est figé pour ainsi dire par la volonté de Mahomet.

« L'état de la femme dans l'ancienne Égypte n'est pas non plus sensiblement différent de ce qu'il est dans l'ancienne Rome et dans l'ancienne Grèce. Si l'Égypte paraît étrange au point de vue des prérogatives de la femme à l'époque classique, c'est qu'elle a été beaucoup plus tard que les autres peuples soumise à l'âge de fer par les conquêtes et le droit de la force.

« Rien de plus simple que les plus antiques contrats de mariage dans lesquels le mari se borne à dire à sa femme : « Je t'ai établie pour femme; t'appartiennent toutes choses au « monde dépendant du *faire à toi mari* : je te les abandonne « depuis le jour ci-dessus à jamais. »

« Ou bien encore :

« Je t'ai établie pour femme; je t'abandonne le *faire à toi* « *mari*, depuis le jour ci-dessus. Je ne puis y échapper, en tout « lieu où j'irai, depuis le jour ci-dessus, à jamais. »

« Il faut bien se garder de confondre ce vrai mariage égyptien, qu'on pourrait comparer au mariage par *confarreatio* des Latins, avec le mariage servile, dont nous avons parlé plus haut et qui a son analogue dans le mariage par *coemptio*. Voilà le mari lié à sa femme pour l'éternité, *en tout lieu où il ira*, et obligé partout de se conformer aux lois matrimoniales, probablement sacrées et réglant sans doute, comme à Rome au témoignage de Denys d'Halicarnasse, l'égalité et la communauté de biens complètes entre l'homme et la femme. C'est de cette égalité de prérogatives légales que sont sorties ensuite les autres transactions matrimoniales, dont nous vous avons entretenus l'an passé. Du moment où la femme était l'égale de l'homme, et où les lois de Bocchoris avaient permis à chacun *de faire ce qu'il voulait de ce qui le concernait et lui appartenait*, selon les expressions dont se servent encore les actes coptes, du moment où le droit contractuel avait remplacé l'ancien droit hiératique et traditionnel et était devenu souverain, il était tout naturel de voir la femme en profiter pour son avantage particulier. Les mœurs avaient fini par se relâcher en Égypte comme ailleurs, et le vieux mariage religieux, très sérieux, et probablement indissoluble, commençait à paraître bien lourd. Et puis, dans ce système, le mari, chef de la famille, avait trop d'autorité. La dot de la femme était sous sa main, et il pouvait se comporter un peu comme *un maître* selon l'expression d'un papyrus hiératique. Cela n'était nullement la coutume et, depuis les temps les plus antiques, la femme avait toujours été la *dame de maison*, ainsi que la nomment les textes, et avait agi en cette qualité. Mais, ne lui serait-il pas plus commode d'avoir en personne l'administration de ses biens, de devenir souveraine absolue et d'amener son mari lui-même à sa merci? L'idée parut bonne et fut peu à peu universellement appliquée. Nous vous avons décrit les différents genres d'unions libres dépendant de ce système tout contractuel. Dans tous ou presque tous, la femme se réservait la part du lion. Elle gardait ses biens propres, qu'elle administrait à son gré. Elle vendait, achetait, sans le consentement de son conjoint. Mais, en outre, celui-ci était obligé de lui livrer un don nuptial au moment des noces et, dans la suite, soit une pension alimentaire en blé, en huile et en argent, soit une part, ordinairement d'un tiers, dans ses propres biens à lui. Le divorce était permis, puisqu'il ne s'agissait pas à proprement parler d'un vrai mariage, et la polygamie restait toujours licite de par la loi pour tous autres que pour les prêtres. Cependant les femmes surent tourner tout cela à leur avantage. Dans certains contrats, les plus nombreux, le mari s'engageait à payer une forte amende à sa femme, s'il la renvoyait, s'il la méprisait, ou en prenait une autre. Leur fils aîné devait en ce cas entrer en possession de tous ses biens. Dans d'autres contrats, c'était la femme qui se réservait le droit de s'en aller quand elle voudrait, en emportant la dot qu'elle était censée avoir apportée à son mari, et qui n'était en réalité qu'un don nuptial déguisé. Enfin parfois le contrat de mariage revêtait la forme d'un contrat de prêt. Le mari reconnaissait avoir reçu une certaine somme, dont il payait d'énormes intérêts, et sa femme pouvait alors seule liquider quand elle le désirait, en se faisant livrer son capital et en laissant pour héritiers de ce qui pouvait rester à l'homme leurs enfants reconnus dans le billet de créance, dont ils étaient la véritable raison d'être. Ces enfants nés, en partie au moins, avant tout contrat de mariage, n'en étaient pas moins légitimes, parce que la loi égyptienne n'admettait pas de bâtards et qu'une simple déclaration suffisait pour établir la paternité. Mais ce n'était plus là un véritable mariage et les ancêtres de ces Égyptiens de seconde période auraient sans doute rougi de semblables transactions.

« Ces transactions nous prouvent cependant bien la haute situation, de plus en plus prépondérante, de la femme en Égypte. En vain les Grecs ont-ils voulu la ridiculiser, depuis Hérodote jusqu'à Diodore. Cette manière de comprendre les choses était encore beaucoup plus élevée que celle que nous avons décrite pour Athènes, et qui réduisait la femme à un honteux état de sujétion, en en faisant presque une bête de somme, un objet de jouissance entièrement soumis aux caprices de l'homme.

« A tout prendre, l'union libre vaut encore mieux que l'union forcée dans laquelle la volonté et la conscience ne jouent plus aucun rôle.

« Les idées grecques finirent cependant par prévaloir. Philopator, le plus débauché des Lagides, se trouva scandalisé de la liberté accordée à la femme, et il rendit un *prostagma* pour la soumettre à l'autorité maritale, même d'un mari de rencontre, même de celui qui résultait d'un contrat de prêt. Si l'on n'en arriva pas tout de suite, pour l'Égyptienne de race, à la situation qu'avait alors la Grecque née en Égypte, obligée de présenter un κυριός pour l'assister dans tous ses actes, alors qu'elle n'était pas mariée, la transition ne s'en fit pas moins, graduelle, et l'âge de fer commença. Il règne maintenant complètement dans la vallée du Nil. La femme est tellement une esclave que le fellah en prend autant qu'il a besoin de paires de bras pour les travaux de la campagne. Mais il faut remarquer que cet âge de fer, débutant à l'époque des cruelles répressions dirigées contre les Égyptiens par les monarques macédoniens, s'acheva surtout sous la non moins cruelle domination romaine, et après la conquête sanglante des Arabes. La seconde période juridique n'eut donc qu'un retard dans son apparition pour le mariage comme pour l'esclavage, si dur maintenant en Égypte.

« Ce que nous venons de voir brièvement par quelques exemples pour l'état des personnes, nous pourrons le constater facilement aussi pour l'état des biens.

« Dans les poèmes d'Homère, la propriété est personnelle. L'homme libre est véritablement maître de sa terre, non pas sans doute maître à un tel point qu'il puisse en dépouiller par testament ses enfants et sa famille; car le testament complètement libre, tel qu'on l'entend en Angleterre par exemple, est essentiellement d'institution romaine et provient de la révolution populaire de la loi des Douze Tables. Mais enfin le peuple ou la communauté n'a rien à y voir; le possesseur ne peut être privé du fruit héréditaire du travail humain par un caprice quelconque: et les enfants croissent autour de leur père dans le bien paternel, comme de jeunes arbrisseaux auprès de la souche qui les a produits. Dans la Grèce de l'époque classique, au contraire, la propriété vraiment individuelle n'existe plus. C'est le peuple qui à Athènes, par le grand jury des Héliastes, met en possession des hérédités et a souverainement à décider s'il est de l'intérêt public que tel, plutôt que tel autre, soit choisi comme propriétaire à cause de sa générosité pour l'État; cependant, après cet arrêt, tout n'est pas fini : le premier venu peut entamer une nouvelle affaire et se faire déléguer les biens par une autre décision populaire. C'est aussi le peuple, par la phratrie, qui légalise les adoptions et qui rend légitimes les enfants. Il importe alors peu de savoir si celui que présente un citoyen est son fils ou non ; il n'a qu'à dire : Cet enfant est né d'une Athénienne, et d'une Athénienne garantie. Après cela, on en vient aux votes et si le scrutin est favorable, cet homme se trouve père de famille. A Sparte, on va plus loin encore : les enfants appartiennent à la nation; c'est à elle à décider par ses représentants si tel doit vivre; tel autre, être jeté au fleuve. Cela dépend des besoins publics : après une guerre on les conservera presque tous ; en temps de paix, on ne gardera que les plus robustes. Les parts sont en effet déterminées d'après le nombre des habitants : et ce nombre doit rester fixe. Chacun des citoyens est chargé par la nation de faire cultiver telle étendue de terre et de faire maigrir par ses exactions tant de malheureux ilotes. Mais il ne peut user voluptuairement des fruits ainsi obtenus : il doit manger avec tous le brouet traditionnel, dont on n'exempte pas les rois eux-mêmes. L'un d'eux, après les fatigues d'une bataille, demanda à prendre son repas seul avec sa femme et à se faire apporter pour cela ce qui lui était accordé ainsi qu'aux autres citoyens; cette distinction lui fut sévèrement interdite. Les monnaies autres qu'un fer sans valeur n'avaient pas cours à Lacédémone : la propriété, qui ne fournissait pas à la nourriture individuelle, ne devait donc pas non plus fournir à tout autre genre d'avantages. Ces systemes parurent admirables aux plus grands philosophes, et ce sont ceux que préconise encore Platon dans sa *République* et dans ses *Lois*, seulement l'un de ces traités est destiné à glorifier la constitution de Sparte, et l'autre celle d'Athènes. Ces constitutions, également populaires, avaient du reste un but commun, l'anéantissement de l'indépendance individuelle, de la propriété individuelle, de la conscience individuelle, et leur remplacement par cette grande unité qu'on appelle le peuple. Il paraît en avoir été ainsi dans toutes les antiques cités guerrières, dans toutes celles qui avaient été surtout organisées après de grandes invasions, pour la défense et pour l'attaque. *Salus populi suprema lex*. Dès l'instant où l'on avait à prévoir des luttes constantes, dès l'instant où la société était établie pour la guerre, ce salut commun devenait en effet la chose principale : l'individu disparaissait. Ne serait-il pas devenu esclave, si la cité avait été prise ? Qu'avait-il à se plaindre si, pour empêcher ce résultat, on le rendait un peu esclave par avance?

« Nous avons vu que d'après tous les auteurs grecs (dont on ne peut récuser le témoignage, confirmé du reste par une multitude de documents hiéroglyphiques et démotiques) l'Égypte était divisée par tiers entre trois propriétés parallèles, celle du roi, celle des prêtres et celle des guerriers. Le décret de Rosette nous parle longuement de la distinction de la terre des temples (ιερα γη ou *neterhotep*) et de celle des guerriers (μαχιμων). Le décret de Canope nous apprend comment on distribuait entre les prêtres le surplus de ces revenus sacrés. Sans cesse nos contrats font mention de terres de *neterhotep* louées et concédées à des particuliers. Les circulaires officielles grecques des Lagides que nous ont conservées les papyrus, nous donnent aussi de nombreux détails sur l'administration de la terre royale βασιλικη γη, de la terre des temples, ιερα γη, et la terre des guerriers, μαχιμων. Tous les documents concordent d'une façon admirable à prouver la parfaite véracité sous ce rapport d'Hérodote, de Diodore et de cette multitude d'auteurs dont il serait trop long de rappeler les noms. Nous pouvons donc considérer comme un fait acquis et d'une certitude incontestable la division tripartite qui faisait de la propriété individuelle une sorte de concession temporaire, de sous-propriété, si je puis m'exprimer ainsi. Le régime foncier de l'Égypte était à l'époque classique complètement parallèle au régime foncier d'Athènes et de Lacédémone. Mais en a-t-il été toujours ainsi? Il est permis d'en douter. Le souvenir d'un état antérieur de propriété individuelle qui, sous sa forme en quelque sorte féodale, nous apparait sur les tombeaux des grands personnages de l'ancien empire, s'était perpétué dans une tradition que la Genèse nous a conservée. Selon la Genèse, c'est le pharaon de Joseph qui profita d'une famine pour se faire livrer les terres des particuliers, excepté celles des prêtres, qu'il voulut bien nourrir gratis. Ce Pharaon était un roi pasteur ou *hiksos*, et l'auteur de la Genèse nous ajoute que la nouvelle division subsista depuis ce jour jusqu'à son époque. Probablement cet état de chose fut régularisé lors de l'expulsion des pasteurs et de la nouvelle domination des rois égyptiens de race. Le Pharaon de Moïse est Ramsès II, au profit duquel les Hébreux construisirent, selon le texte sacré, la ville de Ramsès. Or, c'est justement ce Ramsès II, le grand Sésostris ou Sésoosis, si dur pour les Sémites, que Diodore nous indique comme s'étant occupé spécialement de la distribution des terres et de l'organisation générale du sol de l'Égypte. Il passait à ce titre pour le second législateur humain de la vallée du Nil et succédait directement en cette qualité au légendaire Sasychis. Ses lois particulières concernaient : 1° les terres, 2° les soldats. On lui attribuait l'organisation et la division définitive des trente-six nomes de l'Égypte, à la tête de chacun desquels il mit un préfet chargé de gouverner et de recueillir les impôts royaux. Cette mention vient deux fois dans Diodore (1, LIV et 1, LXXIII). La seconde fois on joint à cette organisation des nomes, celle de toute la terre d'Égypte, partagée entre les prêtres, le roi et les guerriers. Il semble bien en effet, que cette double réforme a dû être faite parallèlement. L'indication même des guerriers le prouve; car selon le paragraphe 54, Sésostris réserva une bonne partie des champs d'Égypte à la caste militaire, quand il la constitua définitivement, en fixa le contingent à six cent vingt mille piétons et vingt-quatre mille cavaliers, leur désigna mille sept cents chefs, etc. C'est pour cela que dans le paragraphe 94, relatif aux législateurs, Diodore insiste surtout sur les lois données par Sésostris à l'ordre militaire. C'était bien son œuvre la plus personnelle, celle dont il se vante dans le poème officiel de Pentaour, poème reproduit sur un grand nombre de monuments et que nous possédons aussi sur papyrus.

« Voici, dit le chantre royal, que Sa Majesté appela ses sol« dats, avec sa cavalerie et également ses chefs qui n'ont pas « combattu. Le roi leur dit : Votre cœur s'est affaibli, mes cava« liers, et mon cœur à moi commence à ne pas se remplir de « vous tous. Cependant il n'est pas un seul d'entre vous à qui « je n'aie fait un sort heureux dans ma terre ; si je ne m'étais « pas tenu debout comme seigneur, vous étiez à l'état de mi« sérables. Je vous ai fait grands *dans mes biens* chaque jour. « Je mets le fils pour les choses de son père ; s'il vient un « malheur (une année mauvaise) quelconque dans le pays, je « vous laisse quelque chose de vos services. Est-ce que dans ce « cas je ne vous donne pas d'autres choses que celles qui vous « ont été enlevées? Quiconque de vous vient me prier par des « requêtes, je le protège par moi-même, chaque jour. Il n'y a « pas de seigneurs faisant pour ses soldats ce que ma Majesté « a fait pour vous. Je vous ai fait demeurer dans vos demeures

« et dans vos villes. — Et l'ordre (de départ) n'a pas été donné « par le capitaine, et mes cavaliers de même ont agi. — Je vous « ai donné la route vers vos villes afin que je vous trouve « tous ensemble au jour et à l'heure de marcher au combat : « — Or voyez! Vous avez fait une action lâche ensemble, et pas « un d'entre vous ne s'est levé pour me prêter la main[1] ! »

« Ainsi Ramsès avait donné en héritage perpétuel certains biens de son domaine aux soldats, dans leurs villes, avec des points de concentration en cas de guerre. C'est toute l'organisation décrite par Diodore.

« Suivant la tradition transmise par la Genèse et répétée plus tard par Orose, la division tripartite des terres opérée par Ramsès II aurait été précédée par une division bipartite effectuée par le roi pasteur du temps de Joseph. Le roi national n'aurait donc fait que suivre l'exemple fourni par un cruel oppresseur étranger, mais en ayant surtout en vue la défense de la patrie et les glorieuses guerres d'envahissement qu'il allait entreprendre. Ce serait encore la guerre, ses résultats, ses nécessités qui auraient transformé la nature de la propriété en Égypte aussi bien qu'en Grèce. Les inscriptions de l'ancien empire ne nous montrent-elles pas d'ailleurs, dans la vallée du Nil, une organisation primitive fort analogue à celle de la Grèce du temps d'Homère et de la terre de Chanaan du temps des récits de la Genèse ?

« Les mêmes nécessités produisirent partout des effets identiques. La cité guerrière était étroite de sa nature et le citoyen s'y trouvait absorbé en quelque sorte par suite des préoccupations de tous. Il y avait du reste une compensation : ce citoyen qui n'était rien chez lui, était tout au dehors. Tyrannisé dans son milieu, il pouvait à son tour tyranniser autour de *lui*. L'étranger, que du temps d'Homère et des patriarches on considérait avec tant de respect, l'étranger, sous la forme duquel les dieux aimaient à apparaître pour savoir si l'on pratiquait convenablement l'hospitalité, — comme on peut le voir dans le récit des Phéaciens à Ulysse errant et dans la visite des anges à Abraham, — cet étranger là n'est plus qu'un ennemi à l'époque classique. Festus nous apprend qu'*hostis* signifiait seulement un étranger; et c'était à cet étranger que l'on criait : *hostis*, *exesto!* Mais on

1. Voir pour toutes ces questions un article paru, depuis ce discours d'ouverture, dans la *Revue Egyptologique*, III, p. 101, sous ce titre : *La caste militaire organisée par Ramsès II, d'après Diodore de Sicile et le poème de Pentaour.*

ne réussissait pas toujours à le chasser, ou du moins à l'expulser loin de tout droit, en paria et en ilote. Cet étranger, ce métèque abhorré, cet homme que le droit de la guerre avait souvent réduit en servitude pour la plus grande jouissance des citoyens, venait parfois à relever la tête. Alors commençait la plus triste de toutes les guerres : une guerre domestique, une guerre d'esclaves, mais qui n'avait pas toujours la destinée finale de celle des Spartacus. La retraite du mont Aventin, les révolutions qui donnèrent naissance à la loi des Douze Tables, aux lois agraires, à la création des tribus, etc., sont les diverses péripéties de ces luttes des métèques contre les citoyens primitifs de Rome : et ce furent cette fois les métèques qui eurent le dernier mot. Je vous ai déjà décrit l'état de la propriété qui résulta de la loi révolutionnaire des Douze Tables. Le métèque isolé, sans famille, sans gens ou phratrie, sans curie, sans culte public, obtint l'égalité de droits, et il put transmettre ses biens à qui lui semblait bon, puisque la transmission régulière et traditionnelle ne pouvait exister pour lui. Il fit la *loi de son hérédité*, mais il la fit devant le peuple (*calatis comitiis*) et avec l'assentiment du peuple. Le peuple, qui comprit depuis ce moment tous ceux qui n'en faisaient pas jusque-là partie, ne laissa périmer en effet aucune de ses conquêtes légales. Ce qui perdit à cette révolution, ce fut la famille, désormais livrée sans contrôle au caprice du père et qui fut dans sa possession complète, *in mancipio*. Le père eut dès lors droit de vie et de mort sur son fils adulte, ce qui n'avait jamais existé ni dans l'ancienne cité latine, ni dans l'ancienne cité grecque. A plus forte raison pouvait-il le déshériter : et ce qu'il avait décidé, c'était la loi, puisqu'il était chez lui le délégué du peuple. Nous remarquerons en effet que le caractère particulier de Rome, si analogue pour tout le reste de sa constitution primitive à la cité grecque, consiste surtout dans le principe beaucoup plus largement appliqué des délégations. Le peuple, dans les lois curiates, déléguait ses pouvoirs entiers, l'*imperium*, à tous ses magistrats. Cet imperium n'était limité que par les autres lois qui déterminaient le rôle de chaque fonction. De même le père avait pour ainsi dire l'imperium sur sa famille, comme le roi, le dictateur, le consul, et plus tard l'empereur, sur la nation entière ; mais c'était au nom du peuple et en qualité de représentant du peuple, seul souverain légitime des hommes et des choses. »

Excusez, cher ami, cette citation un peu longue; mais il m'a semblé bon de replacer la femme des civilisations primitives dans son cadre antique. Ajoutons du reste que les opinions que j'avais alors exprimées ont été confirmées d'une façon bien frappante par les études approfondies que mon frère a faites sur une des autres sources primordiales du droit, je veux parler de l'Assyrie et de la Chaldée. Rien de plus semblables en effet que le courant juridique qu'on remarque dans la vieille Mésopotamie et celui qu'on remarque dans la vieille Égypte. Voyons d'abord, puisque c'est votre sujet, ce qui concerne plus spécialement la femme.

En Chaldée et en Assyrie, dès l'époque la plus reculée nous trouvons la femme égale en dignité à l'homme, soit comme mère, soit même comme épouse.

Nous avons par exemple des actes de Warka, une des deux villes de Chaldée qui portaient le nom de « Ur », actes datés des rois prédécesseurs d'Hammourabi, d'Hammourabi lui-même et de ses premiers successeurs et auxquels on s'accorde à attribuer une antiquité d'au moins deux mille ans avant Jésus-Christ. Or dans ces actes, que mon frère a traduits et va publier dans ma *Revue égyptologique*, nous voyons intervenir souvent des femmes en qualité de parties principales.

Deux de ces documents sont particulièrement remarquables; ce sont des malédictions prononcées, soit conjointement par un mari et par sa femme, comme père et mère d'un fils ingrat, contre ce fils qu'ils désavouent, soit par une mère seule. Dans de semblables circonstances, en ce qui concerne l'Égypte, vous n'avez pas oublié sans doute une malédiction du même genre que je vous ai communiquée et qui avait été proférée par une mère païenne contre son fils devenu chrétien. Entre la mère chaldéenne et la mère égyptienne il s'était écoulé bien des siècles : et nous voyons là une tradition persistante, dont les lois actuelles de la Chine sont peut-être encore un écho. En Chine, la femme mariée de première dignité, celle qui correspond à la *nebt pa* egyptienne, est censée la mere de tous les enfants de son mari, quelles que soient les femmes qui les enfantent. Ces femmes, qui produisent des fils à la femme dotée, ne sont pas des esclaves proprement dites, mais ce sont des épouses achetées à leurs parents en vue d'un mariage servile. Elles, elles n'ont aucun droit sur leurs fils : elles n'ont pour ainsi dire pas de parenté avec lui; tandis que la femme dotée, censée *la mère*, peut exiger d'eux tous les respects et, s'ils y manquaient, aurait le droit en tant que mère, par une sorte de malédiction solennelle, de les dépouiller de tous leurs titres, de toutes leurs dignités, fussent-elles acquises par le concours, fussent-elles officielles, fussent-ils préfets ou vice-rois.

Nous ne savons pas si les malédictions d'une mère ou d'un père chaldéen comportaient de telles conséquences; mais dans celles que nous possédons on trouve textuellement reproduits, soit dans la langue primitive du pays d'Accad, soit en partie au moins dans une langue sémitique, les termes mêmes des vieilles lois touraniennes ou de la traduction officielle qui nous en a été conservée par les bilingues d'Assourbanipal.

Voici comment était conçue la malédiction maternelle qui porte le n° 27 dans la collection de Warka.

« Pour les jours à venir, sentence :

« Ilaniirba a dit de la femme Suatum, sa mère : ce ne m'est pas une mère! De terrain, jardin, construction quels qu'ils soient, il sera exclu.

« Pour les jours à venir, sentence !

« La femme Suatum a dit d'Ilaniirba, son fils : Ce n'est plus mon fils ! De terrain, jardin, construction, quels qu'ils soient, il sera exclus.

« Ceci ne peut être changé !

« Les noms du dieu Uruki (dieu éponyme de la ville d'Ur), du dieu Samas (le dieu Soleil) et du roi Rimsin sont invoqués. »

On le voit, cet acte renferme deux paragraphes principaux qui se répondent pour aboutir à une conclusion identique. Dans le premier, la mère motive son arrêt par l'ingratitude du fils qui ne la traite pas comme sa mere; dans le second, elle parle comme un magistrat familial qui, même sans donner ses motifs, pourrait rejeter le fils indigne.

Ce parallélisme se retrouve dans l'acte n°. 43, par lequel un père et une mère désavouent ensemble leur fils. Il apparaît également dans le n° 26, malheureusement très mutilé, très effacé, mais où l'on voit distinctement se succéder, après la formule « Pour les jours à venir, sentence » d'abord le reniement d'une mère par sa fille, qui lui dit « Tu n'es pas ma mère », puis le désaveu de cette fille par sa mère, qui prononce contre elle la phrase consacrée « Tu n'es pas ma fille. »

Si parfois la mère maudissait son fils, ou sa fille, dans d'autres actes au contraire, intimement unie à ses enfants, elle figure comme une associée dans leurs affaires même commerciales. C'est ainsi que, dans le contrat qui porte le n° 48, une mère et son fils sont placés sur une même ligne, comme possédant des droits égaux sur un jardin, un domaine, une servante, etc. Dans le n° 46, comme dans le n° 81, une mère vend une propriété conjointement avec ses deux fils. Dans le n° 20, une autre mère vend également avec son fils une mesure de terre; et cette fois c'est une femme qui l'achète.

Dans le n° 84, un personnage nommé Sininana, fils d'Ilaniirba et frère de père et de mère d'Apililani (avec lequel il paraît avoir eu une société de tous biens, ainsi que le prouvent un très grand nombre de nos actes), achète, avec lui, un champ d'une femme nommée Lamazou comme leur mère, vendant conjointement avec son fils, fils d'Aploum. Cette femme, d'après les dates, pourrait, en effet, être leur mère, mariée pour la troisième fois. Ses deux premiers mariages nous sont connus par d'autres contrats très curieux qui nous éclairent vivement sur l'histoire de cette famille contemporaine d'Abraham, ou a peu près, histoire que mon frère va raconter dans la *Revue Égyptologique*. Avant d'épouser Ilaniirba, Lamazou avait été la femme de Piroum; et dans le n° 62 les fils de Piroum, moyennant une somme assez forte une fois payée par elle, renoncent à tous leurs droits sur les biens que leur mère, conjointement avec ses fils et filles du second lit, possède ou pourra acquérir. Dans le n° 65, nous avons le résultat d'un singulier procès. Ilani Irba, père de Sininana et d'Apililani, avait eu une société générale de tous biens avec Ubarsin et Mikraatsin. Nous possédons encore des partages partiels faits à plusieurs reprises entre les fils de ces trois associés. Or parmi les biens au sujet desquels Sininana avait acheté l'abandon des droits des fils de Piroum, ses frères de mère, se trouvait une maison bâtie et deux mesures de terrain qu'un fils d'Ubarsin, l'associé de son père, revendiquait partiellement comme provenant de la société. Les juges conduisirent les parties dans le temple du Soleil; et là, Sininana fut admis à prononcer un serment décisoire dont voici les termes : « Cela a été acheté de l'argent de ma mère; cela n'a pas été acheté de l'argent de la société : Iribaamsin fils d'Ubarsin n'a quoi que ce soit sur cette maison et ce terrain. »

Vous le voyez, mon cher ami, la fortune de la femme, administrée ou non par le mari, lui restait en propre. Ce qui provenait de son argent n'entrait pas dans les associations que le mari contractait avec d'autres. Sa dot ou ce qui était le remploi de sa dot passait uniquement à ses enfants. Et si, comme c'était le cas actuel, ses enfants étaient de plusieurs lits, d'après ce système d'associations si développé dans la Chaldée, tant à Ur qu'à Babylone, elle s'associait dans leurs affaires avec les enfants du dernier lit, en ayant soin de désintéresser par une sorte de succession anticipée, les fils des mariages précédents.

Tout cela nous montre la femme prenant une part très active à la vie civile et aux affaires. Aussi ne faut-il pas nous étonner de voir la femme paraître comme vendeuse, à côté de son mari, dans le n° 1 de la même collection des actes de Warka. Dans le n° 85, parmi les voisins qui bordent un domaine mis en vente, se trouve une femme mariée, indiquée seule comme propriétaire d'un terrain.

L'importance de la femme dans la maison augmente celle du beau-père, et dans un autre contrat (n° 40), nous voyons le titre de *beau-père d'un tel*, déterminant un des voisins.

Du reste, les droits héréditaires du fils, même par rapport au père, droits que vous avez longuement développés pour l'Égypte, ne paraissent pas avoir été moindres dans la Chaldée. Comme en Égypte, le fils intervient en qualité de partie cédante, à côté du père, dans des ventes d'immeubles faites par celui-ci et lui appartenant en propre. Nous citerons, entre autres, les n$^{os}$ 39, 75, 99, 90, 97, 82, etc. Le n° 57 se rapporte à ce même ordre d'idées : dans un procès relatif à un jardin qui avait été vendu sans son assistance, par son père Sinmagir à Apilmartou, le fils du vendeur, Iloubani, pour motiver une revendication, dit solennellement dans le temple devant les juges : « Le fils de Sinmagir, c'est moi ! »

Nous ne découvrons rien qui nous démontre l'existence des droits de κυριος, de maître administrateur des biens, pour le fils aîné, dans le droit chaldéen de cette époque — à moins qu'on ne veuille interpréter ainsi le serment décisoire du n° 65, prêté par Sininana seul pour un bien qui lui était commun avec son frère ; mais la société de tous biens qui existait entre ces deux frères nous paraît suffire pour expliquer cette représentation de la maison sociale par l'un des deux seuls : nous voyons, en effet, par des contrats, postérieurs, il est vrai, mais également chaldéens, que des associés, n'ayant entre eux aucun lien de famille, pouvaient recevoir l'un pour l'autre, agissant chacun au nom social. — Ceci nous éloigne bien de l'idée de Kurios. Et cependant l'intervention que, vous séparant un peu de moi sur ce point, vous attribuez à ce titre de κυριος prévu dans les contrats de mariage, nous la constatons non moins évidente dans les vieux actes de Warka.

Je crois plutôt qu'il faut nous en tenir à ce que j'avais professé sur les droits réels de la famille et rapprocher l'intervention du fils de celle de la mère qui, elle aussi, donne expressément son adhésion, à cause des reprises qu'elle serait en droit d'exercer. C'est exclusivement de cette manière que l'on peut expliquer un acte de Warka, le n° 81, dans lequel il est dit que le bien mis en vente est le bien personnel du père défunt et dans lequel, pourtant, ce bien est vendu simultanément, conjointement, par ses deux fils et par leur mère, sa veuve. Évidemment les acheteurs craignaient des reprises exercées hypothécairement par la mère pour ses apports dotaux. L'hypothèque de la femme pour ses apports dotaux est un des points intéressants développés dans votre thèse sur l'état de la femme en Égypte.

La femme n'avait rien perdu de sa situation à Warka, dans l'ancienne Ur de Chaldée, depuis la période si antique dont le regne d'Hammourabi tient le milieu.

Une quinzaine de siècles plus tard, sous le règne de Nabuchodonosor le Grand, dans un acte rédigé dans la même ville en l'an XXI de ce roi et publié par M. Strassmaier, une femme s'oblige conjointement avec son mari, pour une dette commune. Il est dit que c'est solidairement et hypothécairement sur tous les biens de l'un comme de l'autre. Une obligation solidaire du même genre est stipulée dans un autre contrat de Londres, daté de l'an XXVI de Nabuchodonosor et toujours de même provenance.

Les formules en sont tout à fait semblables à celles que nous trouvons dans un autre contrat de Warka, prêté à mon frère par M. Leroux, daté du règne du roi ninivite Assourbanipal, et relatif à une obligation contractée par deux associés.

La ville d'Ur appartint en effet successivement aux rois de Babylone et à ceux de Ninive. Mais si dans la langue juridique, dans ses expressions techniques, dans la forme même des contrats, dans d'autres questions plus importantes, on constate de grandes différences entre le droit de Ninive, le droit babylonien et le droit de Warka ou d'Ur, les analogies sont très grandes en ce qui touche l'état et surtout la capacité légale de la femme.

Je vous ai déjà cité, lors de la soutenance de votre thèse, un contrat de Ninive, publié par notre illustre assyriologue, M. Oppert, contrat par lequel un égyptien devenu *abba* ou *milu*, c'est-à-dire lettré, achète, de deux hommes et d'une femme, probablement les deux frères et la sœur, une maison sise dans Ninive. Il y est dit que la vendeuse est l'épouse d'un grand officier de l'armée. Cette situation de femme mariée est encore rappelée une autre fois dans l'acte en ce qui la concerne; mais le mari n'intervient pas dans le contrat. Parmi les témoins de ce contrat vient en première ligne un Égyptien nommé Séchons, allié (*hatanu*) du roi. Ce titre d'allié, quand il se rencontre aussi fréquemment que c'est le cas dans nos actes, indique toujours, ainsi que nous l'avons déjà dit, une haute situation de la femme dans le ménage. Et cependant, vous n'oubliez pas que je vous ai cité, à votre soutenance, un acte ninivite de mariage par *coemptio*, qui a été également publié par M. Oppert. L'Égyptienne Nitocris achète « en mariage », pour son fils Tachos, une jeune fille que lui vendent le père et les frères, et au sujet de laquelle, en outre des mots « en mariage », il est encore dit — pour insister plus vivement sur la nature de la transaction : « la femme de Tachos — celle-là ». On aurait pu se demander si cette sorte de mariage, ce mariage par *coemptio*, analogue à celui de l'Égyptienne T'énèsi, était employée parce que le mari était Égyptien. Mais dans une autre acte de Londres, celui-ci inédit, portant les n^os DT 12, entre parties toutes ninivites, la vente d'une fille par sa mère paraît bien avoir un caractère tout à fait semblable. Dans cet acte, c'est la mère, mère ninivite, qui vend la jeune fille, comme dans le précédent c'était la mère du futur époux, mère égyptienne, qui l'achetait. Les droits de la mère dans la famille, en vertu de l'autorité paternelle, si l'on peut s'exprimer ainsi, n'étaient donc en rien inférieurs à ceux du père, en Assyrie comme en Egypte. Et ce ne sont pas seulement des filles et des brus que les femmes vendent ou achètent : ce sont des esclaves, par exemple dans le contrat inédit du *British Museum* 81, 2, 4, 152; ce sont des immeubles, qu'elles possèdent quelle que soit d'ailleurs leur situation dans la famille. Nous avons trouvé des épouses propriétaires par elles-mêmes. Nous trouvons aussi des mères propriétaires. Nous citerons entre autres celle qui est désignée à côté de l'Égyptien Armaïs, parmi les voisins d'un terrain vendu dans le contrat n° 6, de la planche XLVIII du III^e volume du *British Museum*. Elle y est indiquée simplement sous le titre de mère d'un personnage, dont le nom est malheureusement perdu.

A Babylone, la femme ne tient pas moins de place. Dès l'époque du célèbre Marduk Iddin ahi qui vainquit d'abord le grand conquérant Tiglat Phalasar I^er roi de Ninive, on voit un père assurer à sa fille au moment de la marier une dot considérable en terres. C'est l'acte qui est gravé sur ce bloc de basalte conservé sous le nom de caillou de Michaux depuis le commencement de ce siècle à la Bibliothèque Nationale, acte que M. Oppert a parfaitement traduit.

Lors de votre soutenance, je vous ai rappelé un contrat publié par mon frère et dont la traduction, soumise à son illustre maître, M. Oppert, avait été complètement approuvée par lui. Dans ce contrat, de l'an premier de Nèriglissar, une femme Tillilitum vend deux esclaves, le mari et la femme ; et, comme dans la *bebaïosis* égyptienne, elle se porte garante contre tous les tiers évicteurs. Les formules sont d'ailleurs exactement les mêmes que celles d'un autre acte également publié par mon frère et où le vendeur est un homme. Cette garantie contre l'éviction se retrouve aussi dans d'autres ventes d'esclaves où des femmes figurent au nombre des vendeurs ; nous citerons entre autres celui qui porte à Londres les n^os S 742, 76, 11, 17 et que M. Strassmaier a publié dans le *Journal assyriologique* de MM. Bezold et Hommel. Le sens de ce contrat est des plus clairs, car dans la phrase relative à la *bebaïosis* reparaissent les noms des vendeurs, Belia et sa mère Guzu, qui suivaient dans l'en-tête de l'acte les noms des deux esclaves cédés, tandis que celui de l'acheteur ne venait qu'après l'indication du prix. Cela n'a pas empêché M. Strassmaier de confondre, faute de connaissances juridiques suffisantes, les vendus avec les vendeurs. Cette vente collective, effectuée par une mère et par son fils, qui s'en portent tous deux garants, ne vous rappelle-t-elle pas les actes de Ur sur l'espèce de société qui unissait entre eux les membres d'une même famille ?

Dans d'autres documents juridiques, la femme, comme nous l'avons vu à Warka, s'oblige solidairement avec son mari, et consent une hypothèque sur tous leurs biens, qui non seulement frappera leurs biens propres, mais primera la sienne sur les biens du mari : tel est le cas pour un grand nombre d'actes parmi lesquels nous citerons notamment le contrat inédit de l'an XII de Nabonid qui est classé au Louvre sous le n° 1823, et qui, portant sur une très faible somme, rappelant une créance antérieure, a toutes les allures d'un règlement de compte pour capitaliser des intérêts échus. Nous avons d'autres règlements de cette nature, plus explicites. Nous mentionnerons aussi, car elle nous semble particulièrement digne de remarque, la dette solidaire contractée (dans un texte de l'an XXXVI de Nabuchodonosor donné par M. Strassmaier, les n° 738-76-11-17 du *British Museum*), par un mari et par sa femme envers un nommé Bania pour éteindre, par novation, la dette antérieure que pesait sur eux au profit d'un nommé Belkidrusar; en opérant cette novation les époux payèrent un acompte, dont mention se trouve au bas de l'acte. Ailleurs, c'est la femme elle-même qui est la débitrice principale, mise, comme telle, en première ligne, tandis que son mari ne vient qu'en second, la cautionnant, en qualité de *coreus promittendi*, pour nous servir d'une expression du droit romain. L'acte inédit n° 1818 de la collection du Louvre, daté de l'an XVI de Nabonid, nous montre aussi une dette, relativement assez forte, d'une mine d'argent, contractee par une femme pour achat de dattes à crédit et dont son mari répond avec elle. Ne vous semble-t-il pas probable qu'il doit s'agir là d'un de ces commerces de détail, dont en Egypte, vers la même époque, les femmes surtout s'occupaient? Ailleurs encore les femmes nous apparaissent non plus dans le rôle d'acheteuses, mais bien dans celui de vendeuses, parfois associées à leur fils, ainsi que nous l'avons noté pour certains actes de Warka. Le contrat inédit du règne de Cyrus qui porte le n° 1827 au Musée du Louvre, (comme le n° KL. m. 37), nous montre que les femmes ne restaient pas étrangères au commerce de grains, à Babylone, pas plus qu'en Egypte. Pour l'Egypte, vous connaissez la pétition du Louvre en langue grecque, traduite par Letronne, reproduite, sous le n° 8, à la page 74 de la publication académique et relative au prix de la vente d'une certaine quantité de blé, à des soldats, du temps des Ptolémées, par une femme Egyptienne. Vous vous rappelez également les papyrus démotiques concernant des ventes de blé effectuées par la femme Shachpéri, etc. Souvent alors dans ce pays le prix de la vente n'était pas versé sur-le-champ et, considéré comme prêté par la vendeuse à l'acheteur, il constituait une dette du type le plus simple. Il en était de même à Babylone. Dans l'acte en question la dette de l'acheteur de grains envers une mère et son fils, se trouve réglée, en partie, par la compensation d'une dette antérieure de cette mère *seule* envers lui, dette plus faible de neuf sekels, et pour le reste par le versement des neuf sekels de reliquat. La dette antérieure de cette mère nous prouve qu'elle faisait des affaires en son nom personnel. Sa compensation avec une créance qu'elle partageait avec son fils rentre dans ce système des créances solidaires, si je puis m'exprimer ainsi, qui, découlant des associations dont nous avons déjà parlé, est une des particularités du droit chaldéen de toutes les époques. Dans un autre contrat publié récemment dans le cinquième volume des textes assyriens et babyloniens du British Museum, planche LXVII, n° 3, une femme s'engage pour son mari envers son beau-frère.

Les femmes pouvaient, malgré leur sexe, ester en justice sans tuteur, sans *Kurios*, sans avoir besoin d'assistance pour compléter leur capacité. Demanderesses ou défenderesses, elles exposaient, ainsi que le faisaient les hommes, leurs arguments, les détails de l'affaire, dans un mémoire soumis aux « juges du roi, » et que ceux-ci faisaient reproduire par les deux greffiers, en guise de motifs, dans leur arrêt, quand ils décidaient dans ce sens. C'est la plaideuse qui est censée porter elle-même la parole. Et, en dehors de ces procès où elles sont parties principales, nous voyons souvent les femmes mentionnées, en tant que créancières ou débitrices, dans d'autres jugements qui nous sont parvenus : citons notamment le n° 1809 du Musée du Louvre. Dans un jugement d'adjudication traduit par M. Oppert dans la revue allemande d'assyriologie, les vendeurs sont un mari, sa femme et son *hatanu* (beau-père ou beau-frère). Cette vente est faite avec l'assistance d'une femme qui est appelée la mère des deux vendeurs, tant du mari que de la femme. Il est à noter que cette expression « les vendeurs » appliquée exclusivement à ces deux époux, semble exclure l'idée d'une propriété réelle appartenant à l'*hatanu*. Celui-ci, quoique figurant dans le corps de l'acte, ne fait sans doute que prêter son assistance, comme la mère. Le bien vendu était-il donc, au moins en partie, un bien dotal? Ceci nous semble d'autant plus probable que la mention des dots est fréquente dans les actes babyloniens. Ainsi, sans compter le caillou de Michaud, dans un contrat inédit du Louvre portant le nº 1821 et daté de l'an VIII de Cyrus (contrat que mon frère va publier dans sa Notice sommaire de quelques contrats du Louvre, etc.) Ittimérodachaladu s'engage à payer, probablement à son gendre, une somme d'argent au sujet de laquelle il ajoute : « Cet argent est le reliquat de la dot de femme Kalabut, sa femme. » Il ne doit pas s'agir de sa propre femme, à lui Ittimérodach-baladu, car dans un acte daté de l'année de la proclamation de Cambyse, c'est-à-dire de très peu postérieur au précédent, un Ittimérodachbaladu, qui est bien le même, ainsi que c'est prouvé par le nom de son père et de sa tribu, en louant une propriété, stipule que les amendes payables en cas de contravention par le locataire, seront versées entre les mains de sa femme *Nupta*. Cet acte avait été publié d'abord par M. Pinches ; mais sa traduction, très fautive, a été corrigée depuis par M. Oppert. Évidemment la propriété dont il s'agit était un bien dotal de Nupta, dont les revenus ordinaires étaient touchés par le mari, soit comme administrateur des biens, en vertu d'un mandat tacite, soit plutôt comme en ayant la jouissance, ainsi qu'à l'époque classique en Grèce, à Rome, etc., le mari l'avait pour les biens proprement dotaux. Mais en ce qui touchait les amendes, produits irréguliers, imprévus, plus élevés du double que le produit normal de la location d'une année, elles étaient très naturellement considérées comme une sorte de capital nouveau, distinct de la valeur déterminée assignée en dot au mari, capital nouveau dont la femme avait aussitôt la propriété et la jouissance. Cela répondait assez bien à ce que, d'après le Digeste, les Gaulois nommaient d'un mot grec les paraphernaux.

Dans le nº (inédit) 1835 du Louvre, de l'an II de Nabonid, un autre individu s'engage à verser à son créancier, pour une dette dont la cause ne nous est pas connue, une somme de trois mines d'argent « en dehors d'une créance de trois mines d'argent, reliquat de sa femme. »

Nous possédons toute l'histoire d'une dot et des reprises de la femme dans trois documents du British Museum publiés par M. Pinches, mais dans la traduction desquels son ignorance des principes du droit lui a fait commettre des contresens, des bévues et des confusions regrettables. Une femme nommée Bunanitum avait apporté en dot trois mines d'argent à son mari.

Ces trois mines d'argent entrèrent pour une part très importante, qu'elle voudrait même présenter comme exclusive, dans leur fonds de commerce. Quand ils eurent un capital de neuf mines et 2/3, ils voulurent le consacrer à l'acquisition d'une maison dans Borsippa. Le prix de cette maison était de onze mines et demie; et ne pouvant payer ce prix en totalité pour le moment, ils durent se servir d'un intermédiaire qui, tout en achetant à leur compte, se trouvait être en quelque sorte leur répondant. M. Pinches a confondu ici complètement les rôles des parties. Il a pris pour le propriétaire vendeur de la maison, le mandataire qui l'achetait par procuration du mari de Bunanitum et d'elle-même. C'est de cette erreur fondamentale que résultent sans doute dans l'interprétation du corps de cet acte certaines fautes considérables sur lesquelles mon frère aura à revenir. La somme qui manquait pour parfaire le prix fut empruntée hypothécairement par les deux époux agissant conjointement et figurant ensemble dans l'acte. Inquiète pour sa dot, la femme Bunanitum obtint de son mari des garanties. La propriété acquise par les deux lui servit de gage; et quand, après la mort de son mari, le fils de son beau-père voulut reprendre comme bien de famille cette propriété et le reste, la femme Bunanitum soutint elle-même, sans aucune espèce de κυριος, devant les juges du roi Nabonid, un procès, qu'elle gagna pleinement. Son droit de reprendre sa dot de trois mines et demie en capital fut consacré : et en même temps les juges lui attribuèrent *une part de moitié* sur un esclave qui, d'après son acte d'acquisition, avait été vendu conjointement tant à son mari qu'à elle-même. M. Pinches, s'y croyant forcé par le contexte, à ce qu'il dit lui-même, a traduit les mots qui veulent dire partout « une part de moitié » par « en outre la propriété ». Mais nous n'avons pas à insister sur ces erreurs, non plus que sur certains points de droit, fort intéressants, éclaircis par cette série de documents. Il en est un cependant sur lequel nous devons dire au moins quelques mots.

La femme Bunanitum, dans sa requête aux juges, raconte qu'elle et son mari, ils ont eu une fille qu'ils ont nommée Nupta. Quand cette fille a été d'âge à être mariée, ils ont pris comme fils un jeune homme, auquel ils ont assuré dans l'acte d'adoption deux mines dix sekels d'argent, en même temps qu'ils donnaient à leur fille elle-même la jouissance d'une propriété. Cette prise pour fils [1], cette adoption du gendre, nous l'avons déjà signalée dans notre cours comme une coutume athénienne, et vous-même vous y avez fait allusion dans votre thèse. Avec l'adoption destinée à remplacer le testament, en assurant une succession pour ainsi dire légitime à celui qu'on désirait investir de son hérédité, c'étaient là les catégories dominantes des adoptions usitées en Grèce et infiniment moins solides, produisant des effets infiniment moins grands que les adoptions en usage à Rome, au moins postérieurement à la loi des Douze Tables. A Babylone les résultats de l'adoption sont encore moindres, puisque nous voyons la presence d'un gendre ainsi adopté ne pas écarter tout d'abord les revendications de la famille paternelle. En Égypte aussi, vous savez que la mancipation comme fils ne faisait pas sortir irrévocablemeut un individu de sa famille naturelle et ne lui enlevait pas ses droits de succession. On pourrait peut-être se poser la question de savoir si notre adoption égyptienne du temps d'Amasis n'était pas en réalité, comme à Babylone, une prise à gendre, ou si c'était l'équivalent d'un testament, comme celle dont il est question dans le discours Eginétique d'Isocrate. Une dernière remarque : dans le jugement relatif à Bunanitum, on ne lui rend, relativement à sa dot, que le capital, et c'est là tout ce qu'elle demande. C'est une confirmation de l'interprétation que nous avons plus haut hypothétiquement proposée pour un autre acte de Babylone, et c'est la preuve que le mari avait la jouissance de la dot à lui confiée. D'un autre côté l'attribution d'une part de moitié dans un esclave acheté collectivement, attribution faite sans que d'ailleurs la dot s'en trouvât diminuée en rien, montre, aussi nettement, que la femme conservait la disposition de tout ce qu'elle avait en dehors de la dot, de tous les biens paraphernaux.

Le chef de famille n'était donc pas seul administrateur, possesseur, propriétaire de tous les biens de la famille. comme il l'était à Rome sous le régime strict de la loi des Douze Tables, avant que le préteur n'eût apporté des adoucissements à cette loi d'après le droit des gens. Ce droit des gens, *jus gentium*, c'était le droit traditionnel des grandes nations qui pendant

1. Cette prise du gendre pour fils, explique comment, dans le jugement d'adjudication publié par M. Oppert et dont nous avons parlé plus haut, la mère assistante est nommée mère du mari et de la femme, sans que ceux-ci soient pour cela naturellement frère et sœur.

longtemps avaient dirigé le monde antique. De même que la femme y était quelqu'un, de même le fils, du vivant de son père, était un homme, possédant, commerçant, contractant, plaidant, agissant de toutes les manières en son propre nom. Nous avons vu déjà plus haut que, dès l'époque si reculée à laquelle remontent les actes de Warka, les fils intervenaient souvent, à l'Égyptienne, dans les actes de leurs pères, pour céder en même temps qu'eux les biens de ceux-ci qui, sans cette vente, leur seraient revenus un jour en héritage. Nous avons vu aussi que dans l'ancienne Chaldée on trouve déjà cette idée de la co-propriété familiale, sans laquelle on ne peut pas comprendre en Égypte la position, les droits et les devoirs du fils aîné, κυριος, maître des biens. Pour représenter la famille, pour défendre ses intérêts, plaider en son nom, etc., il y avait un homme, qui était le père ou le frère aîné. Mais il agissait au nom de tous, absolument comme le faisait un de ces associés babyloniens qui, d'après des actes de partage parvenus jusqu'à nous, recevaient aussi bien au nom de leurs co-associés qu'en leur nom propre. L'esprit d'association, qui est pour ainsi dire la caractéristique des anciens habitants de la ville d'Ur et de tout le pays d'Accad, leur faisait concevoir la famille sous un aspect bien différent de la famille du quirite. Souvent le bien patrimonial restait indivis après la mort du père. Les fils, associés dans tous leurs biens, administraient ensemble, faisaient produire, grossissaient l'héritage paternel, et après de nouvelles acquisitions, ils pouvaient dire avec fierté, comme Sininana et son frère l'ont inscrit au bas d'un de nos actes de Warka : « Le domaine du père, ils l'ont grossi ! »

Si nous passons maintenant aux esclaves, nous les voyons également groupés, constituant des familles serviles dont les liens étaient reconnus, étaient respectés par leurs maîtres. Les Babyloniens vendaient le mari avec « sa femme » et ils n'hésitaient nullement à donner à cette femme esclave, par rapport à son compagnon de captivité, le nom d'épouse. Dans un des actes inédits du Louvre, toute une famille de sept personnes est mise en gage, en même temps qu'une propriété, pour une dette de 45 mines. De même à Ninive, un jardinier, sa femme et son frère se trouvent également vendus dans un contrat inédit de Londres cité récemment par mon frère dans son article sur *les droits des femmes dans la Chaldée.*

C'est toute l'organisation du colonat telle que nous la trouverons plus tard introduite dans l'empire romain, quand les jurisconsultes de l'école phénicienne, élevés dans les vieux principes du droit assyrien, seront venus professer à Rome la jurisprudence « comme un sacerdoce » suivant les termes d'Ulpien, l'un d'eux. Car, il ne faut pas l'oublier, ce sont les Phéniciens qui ont le plus contribué à relever à Rome la dignité humaine, à combler les abîmes qui séparaient alors le captif, l'homme libre de la veille, ayant perdu sa cité par un malheur, soit collectif, soit individuel, qui le séparaient, dis-je, si profondément de l'état social du plus misérable de ses vainqueurs. Sous l'influence des Phéniciens, à partir de l'empereur Alexandre Sévère, qui était un Phénicien lui-même, on rapprocha les uns des autres tous ceux qui cultivaient egalement la terre, les colons libres et les colons serviles. Ces derniers eurent une famille. Il fut interdit de séparer la femme du mari, les enfants du père. Ils furent rattachés les uns aux autres aussi intimement qu'ils l'étaient à la terre arrosée de leurs sueurs : et pour eux, pour eux seuls malheureusement, les choses se passèrent dans l'empire byzantin, comme elles se passaient à Babylone une dizaine de siècles plus tôt. Quant aux esclaves qui faisaient partie de la domesticité romaine, ils ne purent jamais obtenir des avantages analogues. L'influence du code des Douze Tables, l'idée de la maîtrise du quirite pesa sur eux jusqu'au dernier jour, trop lourdement pour qu'on leur accordât jusqu'au moindre des droits de l'homme. Le Romain n'avait qu'une pensée : être lui-même en sécurité par rapport au monde d'esclaves au milieu duquel il vivait. L'esclave devait être isolé, parce qu'isolé il était plus faible. Si le maître mourait de mort violente, tous les esclaves qui l'entouraient devaient être mis à la torture, afin de périr dans les tourments, dans le cas où le meurtrier n'était pas connu. Peu importait qu'on sacrifiât tant de victimes innocentes : un esclave n'était pas un homme. C'était le principe du Romain féroce, principe sur lequel il ne voulut jamais accepter aucune transaction, puisqu'il se trouvait lui-même en jeu. Notons que c'est là l'esclavage, si différent de l'esclavage antique, que c'est là, dis-je, l'esclavage, légué par les Romains, qui existait encore dans nos possessions coloniales jusqu'en 1848. C'est l'esclavage qui a motivé la grande guerre dite de sécession dans les États-Unis d'Amérique, et s'il y eut jamais un motif légitime pour faire couler le sang humain, certes c'était bien celui-là.

On reste stupéfié quand on jette les yeux sur les rapports officiels écrits, à la veille de 1848, sur l'esclavage dans nos colonies. C'était en vain qu'on avait porté, pour l'adoucir, un grand nombre de lois. Ces lois n'étaient point appliquées. Les colons et les gouverneurs s'entendaient toujours pour écarter tout ce qui tendait à élever, sur quelque point, quelque peu, l'esclave à l'état d'homme proprement dit.

Je ne vous parlerai pas, mon cher ami, de la propriété dans l'antique Chaldée. Cela nous mènerait beaucoup trop loin. Du reste par les actes mêmes que je vous ai cités plus haut vous pouvez voir que, deux mille ans avant notre ère, la propriété individuelle existait dans les mêmes conditions où elle existe encore aujourd'hui.

Dans la ville d'Ur les maisons bâties, les jardins, les champs, les plantations, tout se vendait ou s'échangeait — avec le soin, dans ce dernier cas, de préciser en argent la valeur de chacun des objets d'échange. L'argent jouait donc absolument son rôle actuel. Il n'existait probablement pas encore de monnaies frappees. Comme actuellement en Chine, en Cochinchine, dans tous les pays de l'extrême Orient, on devait faire surtout usage de lingots, petits ou gros, d'une forme spéciale, qui représentaient un poids d'argent déterminé. Il est d'ailleurs aussi facile de se référer directement au poids d'un métal monétaire que de se référer à sa frappe. La balance était là pour vérifier le poids : et c'est ainsi qu'est née à Rome la forme solennelle de la mancipation par l'airain et par la balance.

Dans les anciens actes de Warka, un détail frappe, c'est qu'on y trouve indiquée d'ordinaire l'origine des biens, la manière dont ils sont devenus la propriété de celui qui les possède, même lorsqu'il s'agit de terrains appartenant à des voisins (car les voisins du terrain qu'on vend, sont désignés comme en Égypte). On distingue les biens en trois classes, selon qu'ils constituent des parts héréditaires, ou des acquêts, ou qu'ils ont été l'objet d'un échange antérieur. Cette mise en saillie des parts héréditaires provient évidemment du grand développement des sentiments de famille en Chaldée. Mais, en dehors de la famille et des sociétés commerciales, du temps de nos si antiques actes de Warka, on ne voit encore dans la Chaldée aucune trace de collectivités plus vastes, telles que les tribus mentionnées à Babylone par Hérodote pour une époque postérieure. Ces tribus, comme l'a fort bien dit M. Oppert, nous en constatons en effet l'existence dans des actes de Babylone, dont les plus anciens, il est vrai, ne remontent guère plus haut que mille ans avant Jésus-Christ. Ce doit être le résultat, pour Babylone au moins, de la conquête opérée par les Sémites sur ces vieilles races touraniennes qui avaient fondé la ville « porte de Dieu ». Le territoire conquis par cette coalition de tribus arabes fut partagée en grandes parts, dont chacune porta le nom de *bit* « maison, territoire, domaine ». Nous voyons ainsi, dans un de nos actes publiés par M. Oppert, du temps de Marduk-Iddin-Ahi la *bit Ada* dont une parcelle se trouve transmise avec l'assentiment et par décret du roi. A ce sujet, dans les anathèmes prononcés contre tous ceux qui pourraient troubler le nouveau possesseur, figure une curieuse énumération de personnages qu'on pourrait nommer les fonctionnaires de la *bit Ada*.

Quelques autres actes du même règne conduisent également à la pensée d'une possession collective.

Plus tard, à Babylone même, il persiste une trace, déjà bien effacée, de cette organisation momentanée, résultant de la conquête, dans la désignation de ce qu'on pourrait nommer le *gentilitium*. Chaque Babylonien, outre le nom de son père, porte le nom de sa tribu : et c'est même là ce qui a causé une des plus grossières erreurs de MM. Boscoven et Pinches, qui avaient représenté une de ces tribus, d'ailleurs des plus nombreuses, la tribu Égibi, comme une puissante maison de banque intervenant dans les transactions des Babyloniens pendant plusieurs siècles. J'ai dit que les tribus conquérantes qui avaient introduit cette organisation dans Babylone, devaient être arabes. En effet, ce sont là des coutumes arabes, qui ont persisté jusqu'à nos jours dans les pays musulmans pleinement arabisés. M. Aucoc le rappelait dernièrement à propos des tribus de la plaine de notre Algérie, lors de la discussion à laquelle a pris part M. Ravaisson, et il montrait que les populations d'autres races, habituées à la propriété individuelle, étaient rebelles en Algérie même à cet ordre d'idées nouveau pour eux. C'est pour cela qu'en Babylonie la propriété individuelle ne tarda pas à reparaître, telle qu'elle était sous les Touraniens, les vieux habitants du pays d'Accad. Cependant, comme chez les Arabes, les droits des frères semblaient primer encore dans l'hérédité les droits des fils, du moins en théorie, à l'époque de Nabonid. On possède plusieurs jugements d'adjudication datés du règne de ce roi, dont quelques-uns ont été traduits remarquablement par M. Oppert. Dans ces jugements d'adjudication, en prévoyant ceux qui pourraient songer à troubler dans sa possession le nouvel acquéreur, les frères figurent avant les fils. Vous vous rappelez, mon cher ami, que dans un acte déjà cité, relativement à l'hérédité du mari de Bunanitum, malgré l'existence d'une fille et d'un gendre, le frère du mari voulut se mettre en possession des biens. C'est ainsi que les choses se passent en droit arabe, et les malheurs actuels de l'Égypte proviennent en très grande partie des sommes prodigieuses que l'ancien khédive Ismaïl a dû verser à la Sublime-Porte pour obtenir qu'on modifiât en faveur de ses fils un ordre de succession qui aurait appelé son frère à l'héritage de sa couronne. M. Oppert fait remarquer dans ses cours qu'Hérodote nomme reine des Arabes Sémiramis, la reine de Babylone, et que la confusion des Babyloniens avec les Arabes était fréquente chez les anciens. Il est probable que ce n'était point une confusion, mais une notion très nette de la race à laquelle il fallait rattacher ceux qui s'étaient un jour emparé de l'antique ville sacrée des Touraniens et qui avaient relégué les vieilles familles chaldéennes dans les fonctions sacerdotales. Le titre « chaldéen » figure dans les contrats à la place d'un nom de tribu.

Vous voyez donc qu'à Babylone, dans la Chaldée, comme en Grece, comme en Égypte, la propriété collective ne fut qu'un fait accidentel, secondaire, et se rattachant de quelque façon à une conquête. Quelquefois c'étaient les conquérants mêmes qui l'appliquaient chez les vaincus. D'autres fois c'étaient les vaincus de la veille qui, débarrassés de leurs vainqueurs et pour en prévenir le retour, avaient surtout en vue le militarisme et s'organisaient en conséquence.

Ce fut la guerre qui amena, d'une façon plus ou moins directe, toutes les chutes, toutes les décadences, toutes les reculades de l'humanité. Souvent il fallut bien des siècles, bien des efforts, bien du génie, pour en revenir au point d'où l'on était parti.

Excusez-moi, mon cher ami, de m'être laissé en apparence entraîner si loin de votre thèse. En réalité je n'ai pas cessé d'avoir en vue les grandes questions qui s'y trouvent abordées.

Pour les petits détails, à peine est-il besoin de rechercher s'il est quelques points, bien minimes, sur lesquels nous ne soyons pas exactement du même avis.

Telle est, par exemple, votre explication des adhésions des enfants aux aliénations effectuées par leur père, adhésions dont (p. 52) vous faites la conséquence du pouvoir, spécial accordé, dans les contrats de mariage, au fils aîné κυριος. Cela nous amènerait à voir encore sous Philadelphe, dans la fille de Patma, une fille aînée κυρια, ce qui est très admissible, mais ce qui semble contraire à l'opinion soutenue par vous, p. 39. Pour moi, je vous ai déjà dit que je croyais apercevoir là l'application pure et simple des droits réels de la famille, constatés de cette manière comme dans les adhésions analogues des pères et des époux et dans celles où tous les enfants réunis ensemble consentent aux ventes et actes divers faits par leur aîné, an nom de leur branche.

Telle est encore, relativement au mariage égyptien par *coemptio*, cette phrase de la page 18 : « Les enfants qui naissaient de cette union étaient-ils placés sous la présomption *pater is est*, étaient ils les enfants du mari? C'est ce que notre document démotique ne nous apprend pas : il parle seulement de la puissance du mari, ou plutôt du maître[1], sur la personne des enfants et ne dit pas, comme nous le trouvons dans les autres actes : *tes enfants, mes enfants, seront les maîtres de tous mes biens.* » Ailleurs (p. 47) vous revenez sur la question de ce mariage et vous dites : « Nous avons aussi à remarquer que ce mariage devait être peu pratiqué, puisque nous n'en possédons qu'un seul exemple, et que les historiens n'en font pas mention. »

Je vous ai déjà fait observer, lors de votre soutenance, que si nous n'avons jusqu'ici qu'un contrat démotique de ce genre, M. Oppert nous en a fourni un autre rédigé en assyrien, celui de la *coemptio* faite par l'Égyptienne Nitocris pour marier son fils Tachos. Ajoutons que les historiens sont loin d'être muets sur la situation des enfants provenant de semblables unions. Vous avez oublié dans cette circonstance les termes formels du passage de Diodore de Sicile que vous citez vous-même ailleurs (p. 26), et qui est relatif à la non-bâtardise des enfants nés hors

1. Cette *coemption* ou *mancipation* était surtout alors une forme de droit, employée également dans une adoption contemporaine par mancipation, ainsi que vous le rappelez vous-même plus haut (p. 17). Le mot maître est donc un peu fort, quand il s'agit de femmes nées libres, qui ont eu recours à ce mode d'union.

mariage. Ce passage nous signale expressément les enfants de l'esclave, qui sont considérés en Égypte comme légitimes. L'histoire d'un grand prêtre de Memphis rappelée par moi et à laquelle j'ai consacré un article de la *Revue égyptologique*, confirme complètement ce témoignage.

J'ai déjà eu l'occasion de vous dire aussi précédemment qu'il en était de même chez les patriarches hébreux. Les enfants de Jacob, nés des esclaves de ses deux femmes, sont là pour le prouver.

Cela n'empêchait pas d'ailleurs la maîtrise du père sur les enfants de son esclave pendant leur bas âge, maîtrise stipulée, (mais d'une façon très honoraire si je puis m'exprimer ainsi) dans l'acte de T'énési. N'est-ce pas en vertu même de cette maîtrise que, dans le récit de la Genèse, Abraham chasse Ismaël encore enfant, avec sa mère l'esclave Agar? Il n'en est pas moins vrai que s'il le chasse, c'est parce qu'il sait bien que cet Ismaël peut revendiquer, comme enfant légitime, sa part d'hérédité à Isaac. Sara, en amenant Agar à son époux, n'avait-elle pas eu elle-même l'intention de lui donner un héritier, un fils légitime?

Si je ne m'arrête pas à de semblables détails, à plus forte raison ne m'arrèterai-je pas à une contradiction apparente que l'on croit remarquer, à la page 38, entre un acte et son commentaire, contradiction tenant, comme vous l'avez fort bien expliqué lors de votre soutenance, à ce qu'une partie de votre rédaction se trouve avoir été omise dans l'impression à cet endroit ; on peut consulter pour cela votre *erratum*.

Permettez moi seulement d'insister sur deux points plus importants.

Page 56, vous semblez assimiler les écrits de *prise pour femme avec dot* et les écrits de « créance nuptiale » en appliquant cette dernière expression aux apports dotaux ; sans doute ce n'est qu'une affaire de dénomination et de terminologie puisque, page 60, vous parlez vous-même longuement du mariage par *contrat de prêt*. Mais la précision des termes est importante dans le langage juridique ; j'avais toujours réservé le mot *créance nuptiale* aux mariages par actes de prêt, en séparant cette espèce des contrats proprement dotaux.

Je vois très bien ce que vous allez me répondre : c'est ce que j'ai souvent enseigné moi-même. Le prêt nuptial ou la créance nuptiale a au fond le même but que la dot réelle ou fictive reconnue dans les contrats de mariage memphites. Créance et dot fictive devaient également constituer l'avoir matrimonial de la femme, c'est-à-dire ce symbole pécuniaire qui accompagnait à cette époque toutes les unions conjugales. Créance et dot fictive étaient également destinées à mieux permettre l'hypothèque générale sur tous les biens du mari en faveur de l'épouse, hypothèque que l'on retrouve dans tous les autres genres de créances. Mais il est un point que vous paraissez avoir trop laissé de côté pour l'appréciation de cette question. Le contrat de mariage ne constituait pas en Égypte l'union conjugale : ce n'en était que la preuve. Cette preuve de la reconnaissance comme femme et comme mère de famille pouvait se faire, ainsi que chez nous celle de la reconnaissance d'enfants, par tout acte authentique. Si la preuve était faite avant la consommation du mariage, on rédigeait un contrat de prise pour femme, et à Memphis, l'avoir que la femme était censée apporter prenait le nom de *dot*, comme à Thèbes cet avoir (en réalité livré par le mari) prenait le nom de *don nuptial.* Si la preuve était faite après le mariage et même (ainsi que c'était ordinairement le cas) après la naissance d'un ou plusieurs enfants, on recourait au contrat de prêt ou de créance nuptiale. Un Français, dans notre droit actuel, pourrait encore faire de même pour une reconnaissance d'enfants, et dire, par exemple, devant notaire, qu'il doit tant à un tel, parce que cet un tel est son fils, qu'il reconnaît.

Du reste cette forme par prêt était tellement distincte dans l'esprit des Égyptiens de celle par contrat dotal que le mari s'y engageait à ne rendre l'argent du *sanch* à sa créancière que quand celle-ci le voudrait. On tenait à éviter ainsi pour le divorce la voie détournée du simple remboursement de la créance [1].

1. Permettez-moi de reproduire un des actes, fort nombreux, de ce genre ; car vous n'en avez donné aucun dans votre thèse.

« L'an 13, mesoré, du roi Ptolémée, le dieu philopathor philadelphe, et des prêtres des rois qui sont inscrits à Racoti (Alexandrie).

« L'archentaphiaste Hereius, fils de Petesé, dont la mère est Tetoua, dit à la femme Tsetamen, fille de Petosor, dont la mère est Tetoua :

« Tu m'as donné — et mon cœur en est satisfait — 21 argenteus fondus du temple de Ptah, ou 20 argenteus, plus 5/6, 1/10, 1/30, 1/60, 1/60, 21 argenteus fondus du temple de Ptah en tout pour son *sanch* (ta créance).

« L'archentaphiaste Petesé, fils d'Hereius, mon fils aîné, ton fils aîné, et l'homme du même rang, Petosor, fils d'Hereius, mon fils, ton fils, les deux mes enfants, tes enfants, que tu m'as engendrés et les enfants nouveaux que tu m'engendreras, seront les maîtres de tous mes biens présents et à venir.

« Que je te donne 36 mesures d'olyre, dont les 2/3 font 24, 36 mesures

Notons qu'à ce contrat, se joignait très souvent un acte de dessaisissement ou de vente fictive de tous biens. Le mari, déjà père, s'enlevait ainsi tout moyen de détruire les liens qui l'attachaient à sa femme et à ses enfants reconnus. Ce sont là les écrits de *sanch* et « *pour argent* » que nous voyons si fréquemment rédiger en un seul jour, et que mentionne d'ailleurs le roman de Setna.

Une autre question dont j'ai traité, déjà, lors de votre soutenance, me parait aussi devoir nous arrêter un instant.

Pages 27 et 28 vous parlez de l'acte d'adoption de l'an XXXII d'Amasis, et vous faites d'abord une petite erreur de fait, causée sans doute, par la copie même que vous aviez sous les yeux. Vous dites : « Nous ne voyons donc dans notre adoption qu'une forme testamentaire. Cette adoption pouvait du reste être rompue, non pas comme à Rome, par une émancipation, mais par la survenance d'un enfant à l'adoptant. Car dans la liste des personnes qui ne peuvent pas critiquer l'adoption, nous ne trouvons pas la moindre mention des enfants de l'adoptant. L'adoption en Égypte était donc rompue par la survenance d'un enfant, qui devenant pour ainsi dire un *heres suus*, chassait l'individu qui était venu prendre sa place et ses biens. »

En ce qui touche le fait, l'acte original porte : « Point à pouvoir (ne pourra point), homme quelconque du monde, m'écarter de toi, depuis père, mère, frère, sœur, fils, fille, seigneur, dame, jusqu'à grande assemblée de justice, moi-même, mes enfants qui seront les enfants de tes enfants. »

J'avais d'abord oublié « fils, fille » après « frère, sœur ». Mais dans ma traduction, il y avait encore « moi-même, mes enfants qui seront tes petits-fils ». En somme les enfants, dont il est question deux fois dans le texte, ne sont pas à mon avis ceux de l'adoptant, mais ceux de l'adopté (qui n'aurait pu du reste, en aucune manière, prescrire semblable chose aux enfants de l'adoptant, et surtout leur imposer de lourdes pénalités, comme

d'olyre en tout, plus deux argenteus et 4/10, fondus, du temple de Ptah, pour ta pension alimentaire par an, au lieu que tu voudras. C'est à toi qu'il appartient d'exiger le paiement de ta pension alimentaire, qui sera à ma charge. Que je te donne cela.

« La totalité de mes biens présents et à venir, est en garantie de ton *sanch* ci-dessus. Je ne puis te dire : Reçois ton *sanch* ci-dessus. A ton temps que tu désireras, je te le donnerai, je ne puis faire de serment à l'encontre de toi, en dehors du lieu où l'on en juge. »

il le fait un peu plus loin). D'abord on nomme les enfants qu'il pourrait avoir eus avant son adoption et reconnaître après coup ; ensuite on passe à ceux qui surviendraient postérieurement à l'adoption : « mes enfants qui seront tes petits-fils ».

Mais en laissant de côté cette question de fait, votre hypothèse sur une adoption rompue par une survenance d'enfants, me semble bien hasardée. Je vois d'où vous êtes parti : « L'adoption, dites-vous, n'est ici qu'une forme testamentaire. » En cela, je suis de votre avis ; mais je ne puis l'être dans les conclusions que vous tirez de là.

Si à Rome un testament est rompu par la survenance d'un enfant, c'est à cause du rôle tout particulier du *pater familias* romain tel que l'avait compris la loi des Douze Tables. A Rome, le *pater* était tout dans la famille, de même que son futur remplaçant, l'*heres*, était tout dans le testament qu'il rédigeait ; un testament ne pouvait exister sans un *heres* auquel on confiait la charge des legs et des autres désirs particuliers du défunt. C'était le futur *pater familias*. Le père, dans la toute puissance que la loi lui conférait, pouvait déshériter son fils pour choisir un autre *heres ;* mais lorsqu'après cela il survenait un enfant, il était tout naturel de penser qu'il n'avait pas voulu le déshériter sans le connaître ni le prévoir. L'ancien testament se trouvait donc rompu. Mais, sans sortir de Rome, il n'en était pas de même en ce qui concernait l'adoption. L'enfant adopté restait alors dans la famille de son père adoptif, qui continuait à avoir sur lui tout pouvoir, sans en faire pour cela son héritier, s'il ne l'avait pas voulu. A plus forte raison la survenance d'enfant ne pouvait-elle pas rompre l'adoption chez les peuples qui ne reconnaissaient ni la souveraine puissance du *pater familias*, ni son incarnation juridique dans l'*heres*.

En Grèce, où l'adoption était le plus souvent testamentaire, tout semble prouver que cette adoption (lien beaucoup moins lourd, beaucoup moins important et beaucoup plus fragile qu'à Rome) n'était nullement rompue par la survenance d'enfant ; comment donc l'admettre en Égypte, pays où la polygamie était permise, où les enfants nés hors mariage étaient légitimes, où tous les enfants avaient égale part et où les droits de l'aîné κυριος, nullement comparables à ceux de l'*heres*, étaient institués pour la protection des enfants plus jeunes ? Pourquoi la survenance d'enfants romprait-elle l'adoption dans de semblables conditions, alors qu'en France elle ne la rompt pas, malgré l'interdiction formelle de toute adoption, établie par notre droit, dans le cas d'enfants préexistants ?

Voilà ce que j'avais à vous dire sur votre belle et bonne thèse. Quant à votre soutenance, elle a été fort brillante et fort appréciée. Je ne parlerai pas seulement des applaudissements d'un auditoire très nombreux et très sympathique, dans lequel on remarquait plusieurs membres de l'Institut et de hauts personnages. Mais vous avez eu surtout les éloges d'un jury contenant, outre le directeur et les deux professeurs spéciaux de l'École du Louvre, les savants les plus compétents, tels que M. Dareste, de l'Institut et de la cour de cassation, l'illustre représentant du droit comparé à l'Académie des sciences morales et politiques, qui a été souvent l'un des juges du concours d'agrégation, M. Michel, de la Faculté de droit, M. Guieysse du Collège de France. La presse aussi dans toutes ses nuances a rendu hommage à votre talent, et c'est justement ce grand succès qui vous a attiré la jalousie de l'ignorance : c'est une consécration nouvelle. En effet, au milieu de ce concert d'éloges, vous avez vu et vous m'avez fait connaître un article hostile inspiré sur vous, sur votre soutenance, sur le bruit si légitime qui avait été fait à ce sujet, par un homme qui a l'habitude de ne pas signer ce qu'il écrit et d'attaquer au hasard tout ce qui, près de lui, brille et s'élève, indifférents, amis ou ennemis. Mais on aura beau dire et beau faire : l'Ecole du Louvre ne saurait être l'image d'une École primaire, de ces classes où, d'un air grave, avec méthode, on disserte sur l'alphabet, quand cet alphabet est connu de tous ; où l'on épèle laborieusement des rudiments, qui se trouvent imprimés dans tous les manuels. Ses cours ne sauraient être l'imitation des leçons que Jules Janin se chargeait de faire, après quarante-huit heures de préparation, indifféremment sur le chinois, le japonais et tout ce qu'il ne savait pas au monde. Elle doit avoir et garder pour objectif de rester toujours une école vraiment supérieure : où, en présence des documents que nous ont laissés les plus vieilles civilisations, on apprend à les pénétrer dans leur sens intime et dans leur langue ; où l'on comprend soi-même et où l'on fait comprendre ; où l'on s'attache à rétrécir sans cesse les limites de l'inconnu ; où l'on communique aux élèves l'art et le goût du travail personnel, de la recherche passionnée. C'est et ce doit être le foyer ardent où s'allument les flambeaux transmis de main en main par ceux qui vont, dans les recoins, jusqu'alors obscurs, de l'antiquité, chercher le secret de la vie, des mœurs, du droit et de la grandeur des peuples géants, en tout nos maîtres. Tout nous fait espérer que vous serez de ces hommes et que peut-être, un jour, vous serez chargé de faire entrer dans l'enseignement spécial du droit l'histoire de ses origines orientales. Car, vous ne l'ignorez pas, c'est maintenant par milliers et par dizaine de mille que se comptent les actes, les contrats et autres documents juridiques de l'Égypte, de l'Asie et de la Chaldée : on doit désormais en tenir compte. Mais il ne faut pas oublier non plus, et les faits sont là pour le prouver, que pour interpréter, même philologiquement, ces documents, les plus intéressants que nous fournisse en ce moment l'Orient, il faut avoir le sens juridique. C'est pour cela que les études de droit antique seront toujours parmi les plus essentielles de l'École du Louvre, et généralement de toute grande école d'archéologie et de déchiffrement, mettant en état de traduire soi-même les documents inédits et d'en faire saisir la portée

Veuillez agréer, mon cher ami, l'expression de mes meilleurs sentiments.

Eugène Révillout.

*P. S.* — En relisant les épreuves de cette lettre sur la mise en pages, je m'aperçois que j'ai oublié de mentionner un des arguments qui montrent le mieux l'existence du mariage par mancipation chez les Ninivites et prouvent que l'achat d'une bru par Nitocris ne constituait pas une exception basée sur sa nationalité égyptienne. Dans la vente de femme esclave qui porte le n° 5 à la planche LVI du IIIe volume du British Museum, bien qu'il soit dit déjà que la femme vendue est l'esclave des deux vendeurs, il est ajouté un peu plus bas que l'acheteur l'acquiert et qu'elle lui est livrée en qualité *d'esclave*. Ce paragraphe occupe dans l'acte la même place que dans celui de Nitocris « et elle sera la femme de Tachos celle-là ; » on craignait donc qu'il pût y avoir doute en l'absence d'une indication précise à ce sujet.

Nous profitons de cette occasion pour reproduire ici la traduction de l'acte de Nitocris que notre illustre assyriologue, M. Oppert, a bien voulu faire pour nous après une nouvelle revision du texte. E. R.

**Vente d'une fille assyrienne à une égyptienne nommée Nitocris pour la marier à son fils Tachos, par un père assisté de ses fils, comme agnats.** (W. A. J. III, 49).

Cachet de Nabu-rikta-usur, fils d'Akhardise, le Hâséen, qui assiste Ardu-Istar dans la ville..., cachet de Tebitaï, son fils, cachet de Silim-Bin, *idem*, maîtres de *leur* (sic) fille vendue,

(Suivent les empreintes des cachets.)

Qui est Tavas-hasina, fille de Nabn-rikhta-usur.

Et l'a acquise la femme Nikht-eqarrau (*Nitocris*), pour 18 drachmes d'argent (67 fr. 50), elle l'a achetée pour son fils, Sihâ (Tachos). Elle sera la femme de Siha.

Le prix a été définitivement fixé.

Qui que ce soit dans un avenir quelconque, contestera, soit Nabn-rikhta-usur, soit ses fils ou ses petits-fils, soit ses frères ou les fils de ses frères, soit quelqu'un des siens, soit son ayant-droit, et qui voudra faire annuler le marché contre Nitocris, ou les fils des fils ou ses petits-fils, payera 10 mines d'argent (2,250 fr.). Il aura réclamé en justice et néanmoins il n'acquerra pas la chose.

Sahpi-mayu, le marin, Bel-sum-idin, fils de Yudanani, Rim-Tavat, fils d'Ate, le *Kupar* : voilà les trois répondants de la femme pour le liement des mains (le mariage) et pour l'intérêt du nantissement, Karméoni, lui aussi, est répondant (en faveur pour garantir l'acquéreuse).

En présence d'Akhardise, de... Nipiqalantikar, de Muthum-hepu, de Hasba... de (cinq noms manquent), d'Ululaï.

Le premier élul de l'année Assur-sadu-sagil.

Par devant Nur-Samas, Puthu(an)païli, Ate, Nabn-idin-akhè, président.

1. Le nom divin de *Tavat* est maintenu comme manière de désigner l'épouse de Bel : sa vraie prononciation est toujours inconnue.

La traduction du texte telle que je l'ai présenté (*Congrès des orientalistes à Paris*, t. II, p. 227; *Records of the Past.*, t. VII, p. 115 et *Documents juridiques*, p. 220 ss.) m'a toujours paru quelque peu attaquable, en ce qui concerne la situation des quatre personnes nommées *urkiu*. J'ai supposé que Nitocris était veuve, ce qui est bien probable, et que la famille d'un mari, qui n'était pas le père de Tachos, était en droit de percevoir les sommes fixées en cas de redhibition du marché. Plusieurs personnes m'ont fait des objections, surtout M. le docteur Révillout, qui m'a également fait observer que le mot *urkiu* ne pouvait pas avoir le sens d'héritier, mais plutôt d'une personne devant veiller à l'exécution du contrat. Dans ce pacte seul, ce qui m'avait frappé depuis longtemps, la livraison de la chose vendue n'est pas indiquée : la somme n'est pas donnée. Les conditions donc de l'achat et de la vente ne sont pas encore remplies : il n'y a qu'une promesse. La promesse de mariage pouvait être nulle, comme en France. Je propose donc, avec mes honorables interlocuteurs, que le mot *urkiu* doit être traduit par *répondant*, sans pouvoir dire jusqu'à quelle limite pouvait aller leur responsabilité. Je crois qu'il y avait des répondants des deux côtés : d'une part ceux qui garantissaient la livraison de la femme, d'autre part ceux qui assuraient la célébration du mariage et le paiement de l'argent. En attendant, l'argent promis portait au profit du vendeur des intérêts qui devaient être également garantis. Les trois premiers personnages, dont l'un est égyptien, pourraient donc être les répondants de Nitocris, tandis que Karmeoni seul garantissait la livraison de la fille du fait du père et des agnats. En tout cas, la question est toujours difficile et sera peut-être mise en lumière par d'autres documents encore inconnus.

Une autre question, qui depuis le commencement de mes études se présentait à mon esprit comme non résolue, c'est la traduction de la phrase dernière ordinairement ainsi formulée : *ina deni kakama la ilakki*. J'ai toujours envisagé avec quelque méfiance[1] la traduction proposée par moi : « Il sera délivré de son contrat, il n'aura pas vendu. » Ce serait une *restitutio in integrum* : ce qui au point de vue juridique serait assez discutable. De plus les formules babyloniennes qui parlent également de

1. Voyez *Documents juridiques*, p. 143.

l'action en nullité de l'achat ne présentent jamais la possibilité d'un recouvrement de la chose. Dans les actes plus anciens, l'homme qui attaque le contrat est menacé de la malédiction des dieux; dans les actes plus modernes, jusqu'à Alexandre, le réclamant est condamné à payer douze fois la valeur de l'immeuble dont il voudrait faire résilier la vente, et cette formule n'est pas une punition vaine, puisqu'on en indique l'application : c'est généralement au trésor de Merodach que l'amende doit être versée. M. Eugène Révillout, de son côté, a dirigé mon attention sur l'analogie qui se trouvait dans les textes égyptiens. Je crois que le sens de cette phrase n'est pas celui que j'avais adopté dans mes traductions depuis dix ans. Il faut admettre l'impossibilité absolue d'invalider l'acte d'achat et traduire ainsi : *in lite actionem inferet et rem non acquiret* ou en français : « quoi qu'il eût réclamé en justice, il n'acquerra pas la chose. »

J. OPPERT.

A

MONSIEUR EUGÈNE RÉVILLOUT,

*Professeur à l'École du Louvre.*

Mon cher maître, je vous dédie ce livre. C'est vous qui l'avez inspiré et en vous l'offrant je ne fais que vous rendre votre bien. Vous m'avez guidé dans mes études égyptologiques, vous avez mis à ma disposition, avec une bienveillance sans égale, votre expérience et votre science. Je n'ai rien fait qu'avec vous et par vous ; je vous devais ma première œuvre, recevez-la comme l'hommage de ma profonde reconnaissance.

G. P.

# INTRODUCTION

Dans son admirable livre sur la condition privée de la femme, M. Gide avait complètement omis de parler des lois égyptiennes. C'est qu'à l'époque, récente cependant, où il écrivait, l'état de la science n'était pas encore assez avancé pour lui permettre de dire quelle était au juste la condition des femmes sur la terre des Pharaons. Mais depuis quelques années, grâce aux laborieux travaux de savants étrangers et français et surtout de mon maître, M. E. Révillout, les brouillards qui entouraient le droit égyptien commencent à se dissiper. Aidé de la linguistique on a pu reconstituer non seulement la civilisation, mais encore la législation des habitants de la vallée arrosée par le Nil. Le sphinx qui semblait garder comme un secret profond les lois de l'Egypte a laissé deviner son énigme. Après plusieurs années d'étude à l'École du Louvre, j'ai pensé qu'il y avait une lacune dans l'histoire des droits de la femme, et j'ai essayé de la combler. C'est là la justification, je dirais volontiers l'excuse du travail que je livre au public. Qu'on ne compte pas y trouver une œuvre parfaite, mais qu'on la regarde seulement comme l'essai d'un débutant dans une science encore un peu obscure et surtout fort difficile.

Qu'il me soit permis de remercier ici tous ceux qui ont bien voulu me guider dans mes études : M. le directeur et MM. les professeurs de l'École du Louvre.

Paris, le 3 novembre 1885.

G. PATURET.

LA

# CONDITION JURIDIQUE DE LA FEMME

## DANS L'ANCIENNE ÉGYPTE

---

## PREMIÈRE PARTIE

## CONDITION PERSONNELLE DE LA FEMME

---

### CHAPITRE PREMIER

#### LA FEMME EN DEHORS DU MARIAGE

L'Égypte, a dit un écrivain, est la terre classique des étonnements. Cette parole semble principalement une vérité quand on étudie le droit de l'antique Égypte et surtout ce droit dans ce qui a trait à la condition privée de la femme. Nous allons, en effet, rencontrer dans cette étude des particularités remarquables. Tous les peuples de l'antiquité, aussi bien en Occident qu'en Orient, semblent s'être rencontrés dans une pensée unique pour faire de la femme un être juridiquement inférieur, si bien qu'on a dit jusqu'ici que seul le christianisme avait compris le rôle de la compagne de l'homme. L'Égypte nous offre un spectacle tout autre; nous y voyons, disons-le de suite, la femme juridiquement l'égale de l'homme, possédant les mêmes droits, traitée de la même manière Il a fallu dans ce pays non seulement l'invasion des idées grecques, mais une puissante pression et un abus des droits de la part de la femme pour faire réduire, et de bien peu comme nous aurons à le voir, la capacite juridique de celle-ci.

Dans la famille, la femme est l'égale de l'homme, la fille l'égale du fils, la sœur l'égale du frère. Telle est l'idée fondamentale du droit égyptien, telle est l'idée qu'il faut mettre de suite en relief, car c'est d'elle que découleront toutes les conséquences que nous allons examiner.

La femme a dans la famille une puissance égale à celle de l'homme. Dès qu'une fille a atteint sa majorité (et nous allons avoir à revenir sur cette idée de majorité), elle est pleinement capable de tous les actes de la vie juridique. Elle peut donc avoir des biens, en acquérir, contracter, s'obliger ; rien ne vient restreindre son pouvoir.

D'où vient ce droit de la femme? Pourquoi l'Égypte ne nous montre-t-elle pas, comme les autres pays, la femme soumise soit à un mari, soit à un tuteur. Pourquoi ne trouve-t-on pas, en droit égyptien, la femme subordonnée à une puissance chargée tout au moins de la protéger, *propter imbecillitatem sexus*, comme disaient les Romains. La réponse à cette question est difficile. Certains auteurs ont cru la trouver dans la persistance des anciennes lois en Égypte, dans l'attachement que le peuple des Pharaons a toujours conservé à ses anciennes coutumes. Chez les peuples primitifs le droit de la mère est fortement constitué ; la mère est, on peut le dire, le pivot de la famille. La paternité n'est jamais certaine. La conception, chose cachée, et impossible souvent à déterminer avec précision, cède le pas à la naissance, fait patent et dont la preuve est toujours facile. L'individu ne sera jamais que l'enfant de sa mère ; de là pas de bâtardise, pas de légitimité, mais une seule condition juridique, la même pour tous. Avec un tel système, *la mère*, on le comprend, a des droits très étendus, c'est elle qui possède la puissance paternelle, si nous pouvons nous servir de ce mot.

Mais peu à peu, sous l'influence de la civilisation, les mœurs s'épurent, le mariage devient une institution sociale, et si la polygamie reste encore debout pour longtemps, la polyandrie cesse complètement. Alors naît cette idée de la faiblesse morale de la femme. L'homme, qui représente la force dans la société, va devenir le chef de l'association conjugale ; la femme lui sera soumise. Il deviendra le maître, aura le droit d'avoir plusieurs épouses, et les enfants nés dans le mariage seront réputés conçus de ses œuvres. Les Égyptiens auraient conservé cependant avec religion cette idée, que c'est toujours la maternité qui domine, que c'est elle qu'on doit, avant tout, considérer. De là cette prédominance de la femme[1] ou plutôt de *la mère* dans la société. Malgré l'autorité des auteurs[2] qui soutiennent cette thèse, je n'hésite pas, pour ma part, à la répudier et à la déclarer sinon erronée du moins bien hasardée. Si cette explication qu'on veut donner des pouvoirs de la femme égyptienne est logique, néanmoins elle est contredite par tous les textes dont nous pouvons disposer. La puissance de la femme en Égypte ne repose pas sur l'idée de mère, elle repose tout entière sur l'idée de femme. Quoique ces deux idées semblent se rapprocher l'une de l'autre, il ne faut pas les confondre; elles sont non seulement très distinctes, mais presque contraires, elles s'excluent pour ainsi dire l'une l'autre. La mère peut avoir sur ses enfants une puissance très grande, presque illimitée et absolue, comme celle du père de famille en droit romain, et cependant être soumise à son mari ou à son tuteur. Le prodigue ne possède-t-il pas la puissance paternelle? et cependant il ne peut faire aucun acte sans l'assentiment de son conseil. De plus, dire puissance de la mère, ce n'est pas dire égalité civile de la femme. La mère pourrait, par la naissance d'un ou de plusieurs enfants, acquérir des droits nouveaux, comme cela a existé sous les empereurs romains, et n'avoir comme femme aucun droit. Prétendre qu'il y a un droit de la mère, c'est affirmer que la femme n'en a aucun ou plutôt qu'elle en a moins lorsqu'elle n'est pas mère que lorsqu'elle a acquis cette qualité. Or, ce n'est pas ce qui se passe en Égypte. Aussi haut que nous puissions remonter, et aussi loin que nous puissions descendre jusqu'au prostagma de Philopator, nous voyons la femme avoir des droits, en tant que femme, durant toute son existence, et quelles que puissent être d'ailleurs les modifications apportées à son état juridique par le mariage ou la maternité : s'il est un fait qui frappe en Égypte, c'est que la femme voit plutôt diminuer qu'augmenter ses droits par la naissance d'un enfant, puisque sa fille ou son fils aîné deviendra le NEB, le κυριός de tous ses biens à un moment donné.

Tous les monuments juridiques, disons-nous, prouvent ce que

1. C'est ce qu'on appelle la théorie du *droit de la mère*.
2. Bachofen, Stuart-Mill, Esmein sur Gide.

nous venons d'avancer. Quand on parcourt les salles du musée du Louvre et des autres musées égyptiens, on y voit dès les premières dynasties la femme placée comme l'égale de l'homme sur tous les monuments. L'épouse est assise sur le même fauteuil que son mari et elle est appelée *neb*[t] *pa* (nebetpa) la maîtresse de la maison[1]. Dans un des plus vieux monuments de la littérature égyptienne, qui date certainement des Rhamessides, les « Chants d'amour » publiés par M. Maspero, nous voyons la femme qui dit à son futur époux : « Tu m'établiras la maîtresse de la maison, etc... » Plus tard, lorsque le caractère du mariage a changé, lorsque de hiératique il est devenu contractuel, ce sont encore les mêmes termes, les mêmes expressions, la même idée qui revient toujours dans les contrats : « Je t'ai prise pour femme, je t'ai établie pour femme, » ou bien encore « tu m'as prise pour femme, tu m'as établie pour femme. »

Ce n'est donc pas du droit de la mère, qu'il faut parler en Égypte, c'est du droit de la femme.

Maintenant, d'où vient ce droit? c'est ce qu'il est difficile, pour ainsi dire impossible de déterminer[2]. Constatons donc simplement le fait et étudions-le tel qu'il est.

La femme est l'égale de l'homme dans la famille aussi bien qu'en dehors de la famille; elle a une capacité pleine et entière aussitôt sa majorité atteinte. Que faut-il entendre par majorité dans le droit égyptien? Il ne faut pas croire qu'on trouve en Égypte comme en Grèce et à Rome un âge fixe à partir duquel l'enfant, devenu pour ainsi dire homme, a tous les droits et peut seul faire tous les actes de la vie juridique. En Égypte, il n'y a pas à proprement parler de majorité. L'enfant fait seul tous les actes juridiques dès qu'il peut en comprendre le sens et la portée. Avant cette époque, on les lui fait faire, mais ils ne sont pas définitifs, ils ne sont que provisionnels, comme on dirait aujourd'hui, et devront être recommencés plus tard si l'enfant dont les droits auraient été lésés vient à réclamer.

Les Égyptiens n'ont jamais eu ce que nous appelons la repré-

1. Quand la femme est reine, elle porte même une barbe pour mieux montrer son égalité avec l'homme.

2. On peut croire que l'Egypte a eu un droit particulier, une conception originale de la capacité de la femme : que sur ce point comme sur bien d'autres, les habitants de ce pays ont été en contradiction avec les idées juridiques du reste du monde. Nous aurons à voir plus loin que si bon nombre de peuples de l'Orient ont pris beaucoup à l'Egypte, même au point de vue qui nous

sentation légale par un tuteur ou par un curateur[1]. C'est l'enfant qui contracte, quelque jeune qu'il soit, sauf, comme nous venons de le dire, à ratifier ou à faire annuler plus tard l'acte qui l'aurait lésé. C'est ainsi que nous voyons dans un papyrus de Londres des enfants âgés de quelques mois seulement, adhérer à un partage, et intervenir dans un contrat. Il est évident que cet acte avait été fait pour eux et qu'ils étaient admis à le critiquer.

Dès que la femme a donc atteint l'âge de raison, elle peut faire tous les actes de la vie juridique, et peu importe qu'elle soit ou non fille de famille ou qu'elle ait perdu ses parents. Les Égyptiens ne connaissent pas cette distinction qu'avaient faite les Romains en personnes *sui juris* et *alieni juris*. Nécessairement les parents ont, en Egypte, comme dans tous les autres pays, certains droits sur la personne de leurs enfants ; mais la puissance du père et de la mère est une puissance de protection ne ressemblant en rien à la *patria potestas* des Romains. Les parents ne peuvent ni tuer, ni vendre leurs enfants[2] ; ils ont, seulement sur eux un droit de correction. Nous voyons bien dans plusieurs actes le père imposer des amendes dans certains cas à ses fils (V. Pap... p. 326 et 377 de la *Chrest. Démotique*, de M. Eugène Révillout), mais ce n'est pas tant comme père que comme copropriétaire de certains biens, et ces amendes sont imposées aux enfants comme elles le seraient à un étranger[3].

Si la fille n'est pas soumise à la puissance de son père ou de sa mère, elle l'est encore moins à la puissance d'un tuteur. Comme nous l'avons dit tout à l'heure, le droit égyptien ne reconnaît pas la représentation légale du tuteur ou du curateur. Donc pas de tutelle perpétuelle de la femme comme à Rome. Personne ne vient s'ingérer dans les affaires de la fille devenue orpheline, et si elle est trop jeune pour faire elle-même un acte juridique, ce sera son frère ou sa sœur aînée qui agira pour elle,

occupe, il n'en est aucun qui ait connu d'une manière aussi large le droit de la femme, aucun qui ait fait de l'épouse l'égale de son mari.

1. Voir cependant ce que nous disons dans notre seconde partie du pouvoir du fils aîné κυριος, et représentant légal de la famille.

2. Avant Bocchoris, et d'après les plus anciens monuments, il paraît bien que le père aurait eu sur la personne des enfants, du moins jusqu'à un certain âge, un pouvoir plus grand. C'est ce que nous montre le livre sapiential du scribe Ani : « Ne châtie pas tes enfants jusqu'à user de violence. Conduis ton fils par la main, ne laisse pas ton fils commettre l'adultère. »

3. Voir du reste le chap. de M. Révillout, sur les puissances et mandats légaux dans la famille, p. 159 et suiv. (Cours de droit égyptien, 1er vol.)

ou, si elle est seule, un étranger lui portant intérêt, qui sera alors un gérant d'affaires, n'ayant aucun caractère légal, remplissant simplement un bon office et intervenant comme partie.

Dans un tel état de choses la femme, on le comprend, a des droits de succession égaux à ceux de l'homme, et la sœur viendra prendre dans le patrimoine de la famille, une part égale à celle de son frère. Nous aurons, du reste, à revenir sur ce point dans la seconde partie de notre étude.

Tous les peuples de l'antiquité ont tenu en grand honneur la perpétuité de la race. L'homme qui ne laisse pas un descendant de lui, un représentant pour honorer et entretenir son tombeau, est après sa mort regardé comme malheureux, par les religions antiques. Aussi cherchait-on par des institutions civiles à suppléer la paternité qui peut faire défaut à un individu. A Rome, nous trouvons l'institution d'héritier et l'adoption qui perpétuaient la race; le défunt continuait pour ainsi dire à exister dans la personne de son héritier.

Les peuples de l'Orient avaient trouvé un autre moyen connu sous le nom de lévirat, et pratiqué surtout chez les Hébreux. Lorsqu'un homme s'est marié et qu'il n'a pas laissé de descendance mâle, son frère, ou son plus proche parent doit épouser sa veuve et, comme on dit, *lui susciter un enfant*. Le premier mâle qui naîtra de cette union sera inscrit sur les registres de la tribu comme étant le fils du défunt. La veuve est alors obligée d'épouser son beau-frère, c'est une union forcée à laquelle elle ne peut se dérober sous les peines les plus graves. En Egypte, où la femme a une liberté illimitée, il ne pouvait en être de même; la femme a, comme nous le verrons en parlant du mariage, un droit absolu dans le choix d'un époux, le lévirat n'existe pas. Sans doute, à l'époque hiératique les Egyptiens, comme les autres peuples, étaient imbus de cette idée que l'un des plus grands malheurs qui puisse exister c'est celui de ne pas laisser de postérité, et qu'il faut avoir un continuateur ici-bas; mais jamais, comme chez les Hébreux, il n'a été question de susciter un enfant à un mort. Le mariage a toujours été une chose libre sur la terre des pharaons, et on ne charge même pas en Egypte comme dans l'Inde, la fille aînée du mort de lui donner un fils. C'est alors la veuve ou les autres parents de l'Egyptien qui prendront soin de sa chapelle funéraire et, s'il craint l'oubli, il pourra, surtout si c'est un personnage puissant, faire une donation à un établissement religieux qui prendra soin de réciter pour lui les prières des morts [1]. Dans tous les cas la fille, en Égypte, peut remplacer le fils, et celui qui meurt ne laissant qu'une postérité féminine, est réputé dormir dans son tombeau aussi tranquille que s'il avait des fils. Il est vrai que d'après ce que nous rapporte M. Chabas « une maxime de l'ancienne sagesse des Égyptiens conseille à l'homme de se marier avec une jeune femme capable de lui donner des enfants mâles et d'assurer dans sa descendance la perpétuité du sacrifice funéraire; gage d'une vie nouvelle; » mais cette maxime est par trop absolue et le scribe Ani ne nous parle pas de la postérité mâle, et recommande à tous les enfants sans distinction de porter « *des libations sur le tombeau de leur père et de leur mère* », mettant aussi toujours la femme à côté de l'homme, et ne faisant aucune différence entre les sexes.

La femme, nous venons de le montrer surabondamment, je crois, est donc l'égale absolue de l'homme. Il en est ainsi sous les premières dynasties; sa condition ne change pas sous l'empire du code de Bocchoris, et il faudra que Philopator vienne par ses *prostagma* bouleverser le droit égyptien pour diminuer, et encore de bien peu, cette égalité.

Cependant, malgré cette égalité parfaite, la femme est soumise à certains règlements assez durs, imposés par la nécessité et contre lesquels elle est la dernière à réclamer.

L'Orient a toujours dû, à cause de son climat, être réglementé d'une manière minutieuse au point de vue sanitaire. Les religions antiques contiennent des règles multiples qui ne sont autre chose que des précautions de salubrité. On sait combien [2] Moïse avait minutieusement réglé la nourriture des Hébreux, et sous quelles peines il avait prohibé l'usage de certaines viandes [3]. Or, une chose que les Egyptiens regardaient comme particuliè-

1. Primitivement c'était la famille, les enfants eux-mêmes qui devaient réciter les prières des morts et faire des libations sur le tombeau de leurs parents. Mais après l'etablissement des *choachytes*, ce furent ces prêtres qui se chargèrent du culte des morts au nom de la famille. C'est ainsi que nous voyons des choachytes louer un tombeau pour 99 ans et, moyennant une certaine somme, faire les libations pour tous les morts de ce tombeau.

2. Deuteronome, chapitre XI, et Lévitique, chapitre XII, vers. 15.

3. Du reste Moïse n'avait fait qu'emprunter à l'Egypte sa défense de manger de la viande de porc. Les Egyptiens regardaient comme un crime de se nourrir ou de porc, ou d'un certain poisson nommé rami. Nous voyons dans le dialogue philosophique, de la Chatte et du Chacal Koufi, ce dernier dire à l'interlocutrice « Je ne suis pas si coupable que vous voulez le dire, je n'ai

rement dangereuse, était les rapports sexuels pendant le temps des règles de la femme ; aussi à ce moment renfermait-on la femme non seulement dans la maison, mais encore dans un lieu spécial qu'elle ne devait pas quitter, et qui s'appelait *Hréri*. Nous devions signaler cette particularité, empruntée, du reste comme beaucoup d'autres choses, par les Juifs aux Egyptiens, car elle semble au premier abord contraire à la liberté et à l'égalité de la femme. Mais, comme nous le faisions remarquer tout à l'heure, comprenant à merveille l'utilité de cette mesure, celle-ci était la première à s'y soumettre. A l'époque contractuelle, tous les actes démotiques de partage font mention de la *Hréri* où seront renfermées les femmes. Ainsi, dans l'acte de partage entre Patma et Panas son frère, nous trouvons : « Tu m'as donné, et mon cœur en est satisfait, la moitié de la maison de notre père et.... plus telle pièce où seront renfermées mes femmes pendant le temps de leurs règles. »

Plus tard, Patma donne à sa femme la part de maison qui lui appartenait. Celle-ci devient donc la maîtresse absolue de la maison, elle en est propriétaire, et cependant nous voyons que, dans l'acte de cession, elle fait faire elle-même mention de la *Hréri*, preuve que la femme se soumettait de bonne grâce au règlement imposé par ce que nous appellerions aujourd'hui les conseils de salubrité publique.

En résumé, on voit par tout ce que nous venons de dire que si ce n'est cette réglementation, la femme est, dans l'ancienne Égypte, l'égale de l'homme. Quelques auteurs, allant plus loin, avaient cru trouver une prédominance de la femme sur l'homme. C'est une idée trop avancée[1].

Une lecture plus approfondie des inscriptions, et une nouvelle observation des monuments a prouvé que la femme, dans la vallée du Nil, n'est ni plus ni moins que l'homme, mais bien son égale. Si les Grecs nous l'ont quelquefois représentée comme la maîtresse absolue de la maison, si Sophocle et Euripide[2], dans plus d'une de leurs pièces, se moquent des maris

jamais mangé ni porc ni poisson rami. » Cette horreur du porc s'est conservé longtemps en Egypte. A la période copte nous voyons encore un individu dire : Qu'y a-t il de plus horrible que de commettre tel péché, c'est de manger de la viande de porc.

1. La femme, il est vrai, à l'époque lagide, a une condition particulièrement favorable, mais cette condition est purement contractuelle et on ne peut pas dire qu'elle est la condition légale de la femme.

2. Sophocle, *Œdipe à Colone*, vers 337 à 343.

Égyptiens qui restent assis au coin du foyer, tandis que la femme traite toutes les affaires du ménage ; c'est que les historiens grecs, comme Hérodote et Diodore de Sicile, avaient visité l'Égypte à la période contractuelle, alors que la femme avait, comme nous le verrons au chapitre suivant, abusé de la liberté des contrats pour se faire une situation particulièrement favorable dans le ménage, abus qui, du reste, amènera une réaction qui s'est traduite dans le prostagma de Philopator. Ce qu'il faut retenir, c'est que de la plus haute antiquité jusqu'aux derniers Lagides les deux sexes ont eu, juridiquement parlant, des droits égaux en Egypte.

1. Hérodote, liv. II, § XXXV.

## CHAPITRE II

### LA FEMME DANS LE MARIAGE

Nous venons de voir dans notre premier chapitre quelle était la condition de la femme en dehors du mariage. Il faut maintenant nous demander ce que devient sa capacité une fois qu'elle est légitimement unie à l'homme.

A ce propos nous allons étudier le mariage égyptien. Le mariage en Égypte peut se diviser, comme du reste le droit lui-même, en deux grandes périodes; la période hiératique et la période contractuelle. La période hiératique ira jusqu'à Bocchoris et la période contractuelle commencera à ce prince pour se terminer lors de l'édit d'Antonin Caracalla. Il ne faudrait cependant pas croire à un changement brusque dans les mœurs égyptiennes. Malgré la réforme capitale de Bocchoris, le mariage, nous aurons à le constater dans plus d'un acte, restera longtemps encore ce qu'il était avant le code des contrats, une union intime des deux sexes uniquement basée sur l'amour et non un acte purement pécuniaire qu'on a pu comparer à une location. Ce n'est qu'à la longue, et sous l'influence sémitique que l'habitude de considérer le mariage comme un acte ordinaire de la vie civile pénétrera dans les mœurs des habitants de la vallée du Nil, et que les clauses pécuniaires du mariage viendront prendre le dessus sur le mariage lui-même. Cependant a l'époque qu'on peut envisager comme l'époque classique du droit égyptien, à l'époque lagide, cette réforme de la loi et des mœurs est complètement accomplie, et on ne reconnaît plus comme union légitime que celle qui a été précédée d'un contrat pécuniaire.

Parcourons ces deux périodes, et voyons quelles ont été les règles matrimoniales dans chacune d'elles.

Au début de toute société, l'idée dominante est l'idée religieuse. Les peuples jeunes aiment à se rapprocher de la divinité, et tous les actes importants de la vie sont accompagnés chez eux d'une cérémonie religieuse. Aussi voyons-nous à leur début toutes les législations emprunter la forme hiératique. Les prêtres sont à la fois les législateurs et les juges. C'est à eux qu'on s'adresse pour les actes importants de la vie, — l'Égypte n'a pas échappé à cette loi. Le mariage primitif a été un mariage religieux. Quelles en étaient les formes? C'est ce qu'il est difficile de préciser, car nous n'avons sur ce point aucun document. Il y avait nécessairement des cérémonies et des formules sacramentelles. On devait rappeler le mariage type d'Isis et d'Osiris. On devait peut-être meme installer la femme comme *nebt pa*, c'est-à-dire comme maîtresse de la maison. Quoiqu'il en soit, ce qui nous est attesté par tous les monuments, c'est que le mariage égyptien antique était un mariage des plus solennels, et surtout des plus vénérés. La femme était dans le ménage l'égale de son mari. Les enfants étaient le but et l'espoir du mariage, aussi le scribe Ani conseille-t-il de se marier avec une femme jeune, capable de donner des enfants bien portants, dont les parents pourront jouir pendant longtemps. La fidélité était prescrite aux femmes, et même aux hommes, ce qui semble bizarre dans une région où la polygamie était permise. Dans ses maximes, le scribe Ani recommande la chasteté et défend tout rapport avec la femme d'un autre. Il va même plus loin et conseille aux hommes de se défier de toutes les femmes. C'est dans cet ordre d'idées qu'il écrit : « Garde-toi de la femme du dehors, quand même on l'ignorerait dans sa ville. Elle est semblable à toutes ses pareilles. N'aie pas de commerce avec elle, c'est une eau profonde, et les détours en sont inconnus. Une femme, dont le mari est éloigné, te remet des écrits, t'appelle chaque jour, si elle n'a pas de témoins elle se tient debout, jetant son filet, et cela peut devenir un crime digne de mort, quand le bruit s'en répand, même lorsqu'elle n'a pas accompli son dessein en réalité. L'homme commet toutes sortes de crimes pour cela seul[1]. » L'adultère était puni très sévèrement aussi bien chez l'homme que chez la femme. La loi égyptienne le regardait comme une violence faite à un être

1. Scribe Ani, Maxime VIII, traduction de M. Chabas. On peut rapprocher de ce texte celui des Proverbes de Salomon : « Que la réflexion veille sur toi, mon fils, pour te sauver de la femme *étrangère*, de l'inconnue aux paroles doucereuses. Les lèvres de l'étrangère distillent le miel pur et son palais est plus doux que l'huile, mais à la fin elle est plus amère que l'absinthe tranchante comme un glaive à double tranchant, ses pas descendent vers la mort... Eloigne d'elle ta voie, ne t'approche pas de la porte de sa maison. » Proverbes, chap. II-X et chap. V, 3 à 8.

libre et la corruption d'un être innocent. Il est probable que, primitivement, il entraînait la peine capitale. Au moment où Diodore de Sicile visita l'Égypte, bien que la loi pénale se fût singulièrement adoucie, l'homme qui s'en était rendu coupable était encore condamné soit à l'ablation des parties génitales, lorsque le crime avait été commis avec violence, soit à cent coups de verges s'il avait été consommé sans violence. La femme subissait la mutilation du nez[1].

Nous venons de dire que depuis le code de Bocchoris le mariage était devenu essentiellement contractuel. Cependant le contrat pécuniaire ne joue pas au début de cette période le rôle principal que nous lui verrons prendre à l'époque des dynasties macédoniennes et lagides. L'ancien mariage a persisté, et si l'hiératisme a fait place au contrat, c'est seulement au point de vue de la forme. De Bocchoris jusqu'après Darius nous trouvons deux sortes de mariage, le mariage servile, et l'union que nous appellerons *mariage d'égalité*. Ce dernier n'est probablement que la traduction, dans un contrat, des anciennes formules sacramentelles du mariage hiératique. Nous y reviendrons tout à l'heure.

Dans le mariage servile la femme se livre à un maître corps et biens. Elle fait à celui qu'elle a choisi comme époux abandon de tous ses biens présents et à venir. Les enfants qu'elle engendrera deviendront eux aussi la propriété de ce maître. D'après le document que nous possédons sur cette union on se croirait en présence plutôt d'un achat d'esclave que d'un véritable mariage, si la fin de l'acte ne dissipait tous les doutes.

Ce document des plus intéressants est un contrat dont nous allons donner la traduction entière :

« An IV, mésoré 27 du roi Psammétique. Dit la femme T'énesi, fille d'Anachamen, à Amon, fils de Put'a : Tu m'as donné, et mon cœur en est satisfait, le prix convenu pour que je devienne ta servante. Je suis ta servante. Personne au monde ne pourra m'écarter de ton service. Je ne pourrai y échapper. Je te donnerai tout ce que je possède, argent, blé, et tous mes autres biens, et les enfants que j'enfanterai, et toutes les choses que j'acquerrai, et les vêtements qui sont sur mon dos, depuis l'an IV, mésoré, ci-dessus, et pour toujours. Celui qui viendra t'inquiéter à cause de moi, au nom de paroles quelconques du monde, en disant :

1. Diodore, liv. Ier, chap. VII-VII.

« Ce n'est pas ta servante, » celui-là te donnera argent quelconque, blé quelconque, qui plairont à ton cœur, et je serai encore ta servante ainsi que mes enfants. Tu es leur maître en tout lieu où tu les trouveras. Fais serment par Ammon et par le roi, que tu ne prendras plus une autre esclave, que tu ne pourras pas dire qu'il te plaît de faire pour une autre, ce que tu as fait pour moi. Que tu ne prendras pas une autre femme; de mon côté, je jure que je n'échapperai pas de la chambre dans laquelle tu es. »

Comme on peut le voir par le texte même de ce document, la femme contracte bien ici une véritable union. Elle donne à celui qu'elle a choisi comme maître, sa personne, tous ses biens, jusqu'aux vêtements qu'elle porte au moment du mariage, elle se déclare sa chose, perd pour ainsi dire sa personnalité. Ce n'est pas toutefois sans se réserver des droits : son mari ne pourra pas prendre une autre femme qu'elle, ni l'abandonner. Il est vrai qu'elle ne stipule pas, comme de coutume, une clause pénale, pour le cas où son époux manquerait à ses engagements, mais elle exige de lui, sous la foi des serments les plus solennels, l'assurance qu'il ne manquera pas aux promesses qu'il lui a faites. Cet acte peut paraître singulier au premier abord. Sa forme, unique en son genre. tendait à nous faire croire que cette sorte de mariage était peu usitée en Égypte. De plus, quand on consulte le document lui-même, on reste étonné au premier abord. Ce n'est pas en effet sur un papyrus ou même sur un tessère qu'il est écrit, mais bien sur une assiette. Serait-ce donc à la suite d'un dîner que ce mariage aurait été conclu?

Un nouveau document découvert tout récemment et dont nous aurons à parler plus tard à propos des effets du mariage, est venu jeter un peu de lumière sur ce fameux contrat de T'énesi. Il s'agit d'un acte d'adoption, qui juridiquement emploie les mêmes formes que notre contrat de mariage. Ces deux actes sont absolument de la même époque. Aussi est-il permis d'en conclure qu'il y a eu à ce moment une couche juridique, un formalisme spécial obligeant, quand on s'écartait des modes traditionnels, à se servir d'une sorte de vente fictive, semblable à ce que devait être plus tard la mancipation romaine.

Quoi qu'il en soit de la forme, il nous est facile de déterminer ce qu'était le mariage servile. C'était une sorte d'union libre quoiqu'indissoluble : elle n'était pas sanctionnée par la loi civile, mais elle était placée sous le sauvegarde de la loi religieuse, ce qui, à cette époque, était une garantie des plus fermes et des plus solides. Du reste on retrouve cette union à la fois, et chez les Egyptiens, et chez leurs voisins, les Hébreux. Il importe cependant de signaler une différence entre la législation de ces deux peuples, c'est que l'Égyptien (d'après notre contrat du moins), n'avait droit d'avoir qu'une concubine, tandis que le Juif pouvait non seulement en avoir plusieurs, mais encore en changer, les répudier à son gré. Comme on le voit, notre mariage par mancipation (si nous pouvons nous servir de ce terme) se rapprochait beaucoup par ses effets du mariage d'égalité. Les enfants qui naissaient de cette union étaient-ils placés sous la présomption « *pater is est*, » étaient-ils les enfants du mari? c'est ce que notre document démotique ne nous apprend pas ; il parle seulement de la puissance du mari, ou plutôt du maître, sur la personne des enfants, et ne dit pas, comme nous le trouverons dans les autres contrats, « tes enfants, mes enfants seront maîtres de tous tes biens. »

A côté du mariage servile, nous trouvons le mariage d'égalité, c'est un contrat qui, ainsi que nous l'avons dit, met sur le même pied l'homme et la femme. Il fait de l'épouse la *nebt pa*, la maîtresse absolue de la maison. C'est un mariage ayant des effets légaux prévus et réglés par le code. Nous en trouvons la preuve dans la formule même du contrat : « Je t'ai établie pour femme. Je t'abandonne *le faire à toi mari* depuis le jour ci-dessus. Je ne puis y échapper en tout lieu où j'irai depuis le jour ci-dessus à jamais. » Ou bien encore : « Je t'ai établie pour femme, t'appartiennent toutes choses dépendant du *faire à toi mari*. Je te les abandonne depuis le jour ci-dessus, à jamais. » Ces termes quasi-sacramentels « *le faire à toi mari*, » dénotent un régime légal, régime comparable à ce qu'est chez nous aujourd'hui le régime de la communauté, s'imposant à tous les époux, à moins de conventions contraires. Les mariages de ce genre sont de beaucoup les plus nombreux. Tous les papyrus qui nous restent de cette époque nous montrent de semblables unions. La femme est l'égale de l'homme. De même qu'elle était l'égale de son frère dans la famille paternelle, de même elle devient l'égale de son mari dans la nouvelle famille. Il n'est plus ici question d'une servante, nous sommes en présence d'une véritable maîtresse de maison possédant déjà un patrimoine distinct de celui de l'époux, quoiqu'il y eût encore une sorte de communauté comme dans l'ancien temps.

Mais à cette époque même, nous voyons apparaître un autre genre de mariage basé complètement sur un contrat pécuniaire. C'est vers le règne de Darius que ce changement s'accomplit. Les idées semitiques ont fait à cette époque un grand pas en Égypte. Les Juifs, voisins des Égyptiens, ne reconnaissaient comme mariage légitime qu'un mariage sanctionné par une dot, par un apport fait, soit par le mari à sa femme, soit par la femme à son mari. Toute femme non dotée était une concubine. Cette concubine avait des droits et des devoirs sans être cependant une épouse vraiment légitime, *une maîtresse de maison*. Ces usages juifs commencent à pénétrer en Égypte : aussi voyons-nous alors les contrats de mariage, soit par don nuptial, soit par créance nuptiale s'implanter sur la terre des pharaons à côté des vieux contrats *de faire à toi mari*, des vieux mariages d'égalité. Bientôt même ces mariages remplaceront complètement les anciennes unions, soit serviles, soit d'égalité. La femme égyptienne va exiger un don nuptial, une sorte de *pretium pudicitiæ*, comme dit la loi de Moïse. Mais aussi les caractères du mariage vont changer, la femme restera toujours l'égale de son mari, sera toujours la neb$^{t}$ pa, la maîtresse du logis, mais il n'y aura plus cette communauté de vie, cette *communicatio juris divini et humani* dont parlent les Romains. Le contrat deviendra, en effet, la base du mariage, on y insérera toujours une clause pénale pour le cas de dissolution par la faute de l'un des époux, et les divorces et les répudiations se multiplieront outre mesure. Il y aura même des cas où les femmes, se jouant pour ainsi dire de la fidélité conjugale, déclareront dans leurs contrats qu'elles entendent rester libres de toutes leurs actions, et que malgré le mariage, elles auront le droit de vaquer à toutes leurs affaires, et de quitter la maison conjugale[1].

Ce mariage était, il faut l'avouer, beaucoup moins noble que l'ancien. M. Eugène Révillout a parfaitement mis en lumière cette idée quand il compare le mariage égyptien du Bas-Empire à une véritable location. Nous lui empruntons ses propres pa-

1. Voir le contrat de Petkès que nous citons plus loin, pièce justificative n° 4.

roles[1] : « Ce régime, dit-il en parlant du mariage par contrat pécuniaire, était pour ainsi dire intermédiaire entre le mariage égyptien primitif de la femme libre, mariage dans lequel l'avoir matrimonial, s'il existait, n'était qu'une chose secondaire, et le concubinat de la femme esclave ou ingénue se faisant esclave, et qui, elle aussi, faisait payer le prix de sa pudeur comme de tout son être.

« Le mariage servile de T'énési est bien une vente, une vente complète et définitive ; tandis que le mariage par don nuptial et pension annuelle (ou équivalence en part de communauté) n'est pour ainsi dire qu'une location. — La femme ainsi mariée ne dit pas : « *Ubi tu gaïus et ego gaïa* » (où tu es le maître je suis la maîtresse) ; on ne lui dit pas non plus : «Je t'abandonne le faire à toi mari depuis le jour ci-dessus, je ne puis y échapper en tout lieu où j'irai depuis le jour ci-dessus à jamais. » Ce n'est pas là ce qu'elle veut, elle veut de l'argent, et cependant elle ne veut pas se vendre définitivement, entièrement. Elle veut vivre libre : elle se loue donc, car lorsque l'argent est la chose principale, et que la donation se trouve écartée, il n'y a pas de milieu entre la vente et la location. C'est une location sans terme fixe et indéfiniment renouvelable..... Je vous disais que ce mariage était à placer entre le mariage légal primitif et le mariage par coemption, qu'il formait une espèce intercalaire, et au point de vue de la dignité de la femme une seconde espèce ; je dirais plutôt maintenant une troisième, car si la femme reste libre, si elle se loue, elle est inférieure comme valeur morale à celle qui se vend définitivement ou plutôt à celle qui se donne, elle, et ses enfants et jusqu'aux vêtements qui sont sur son dos, à jamais. »

La femme, on le voit, conservait une grande liberté, et tous les effets du mariage étaient prévus par un contrat. Qu'était ce contrat, quelles en étaient les formes solennelles et les clauses pécuniaires ? C'est ce que nous aurons à dire dans notre seconde partie en étudiant les différents régimes matrimoniaux. Notons seulement ici que ce genre de mariage était en pleine maturité, qu'il était même le seul usité au temps des Lagides.

Le mariage est un acte d'une si haute gravité, il importe tellement à la société, et produit même dans l'ordre civil des

1. M. E. Révillout, *Cours de droit égyptien*, professé au Louvre en 1883. 2e volume encore inédit.

effets tellement importants, soit pour les contractants eux-mêmes, soit pour leurs familles, qu'il a été l'objet de l'attention spéciale de tous les législateurs, et que chez tous les peuples il a été entouré de sérieuses garanties. Aussi toutes les législations connaissent-elles, ce qu'on appelle les empêchements de mariage. L'empêchement au mariage est un fait qui rend impossible l'union d'une personne avec une autre. Ce fait peut consister dans une parenté à un certain degré, dans l'existence d'une première union, etc..., enfin chez les peuples de l'antiquité, dans la différence de caste entre les personnes qui voudraient s'unir.

Les empêchements de mariage existaient-ils chez les Égyptiens ? La loi s'occupait-elle de l'union conjugale à ce point de vue et la réglementait-elle minutieusement comme nos législations modernes ou même comme le droit romain ? Il serait bien difficile de répondre d'une manière formelle à cette question. Le code de Bocchoris étant malheureusement perdu, nous ne savons rien de ce que disait la loi sur ce point, et il ne nous serait permis de faire que des conjectures. Certains points sont cependant acquis à la science tant par les écrits des Grecs qui, comme Hérodote et Diodore de Sicile, avaient visité l'Egypte au moment où le code de Bocchoris était en pleine vigueur, que par les œuvres des Égyptiens eux-mêmes. Quant à l'empêchement qui résulte de la parenté, il n'existait que faiblement sur les bords du Nil. Nous voyons en effet, qu'à l'époque lagide, et même avant cette époque, les Égyptiens épousaient leurs sœurs. Les chants d'amour nous en donnent plus d'un exemple. Nous citerons seulement la pièce suivante :

« Oh ! mon bel ami, dit une sœur en s'adressant à son frère, mon désir est que je devienne maîtresse de tes biens en qualité d'épouse, c'est que mon bras sur ton bras, tu te promènes gai et heureux ; car alors je dirai à mon cœur, qui bat dans ta poitrine des paroles d'amour. »

Du temps des Lagides, ces mariages entre frères et sœurs étaient fort communs, et même, chose étonnante, réussissaient, paraît-il, au point de vue de la procréation des enfants. Avant les dynasties grecques, et même avant Bocchoris, il est certain que ce genre de mariage existait aussi, mais M. Chabas[1] affirme

1. Chabas : *Maximes du scribe Ani.*

qu'il était beaucoup moins pratiqué, sous prétexte que les monuments ne nous en montrent que peu d'exemples. Est-ce bien là une preuve suffisante? Le savant égyptologue comprend lui-même à merveille que non, et il est forcé de se lancer, pour étayer son dire, dans des raisonnements de l'ordre purement moral. Il nous semble, au contraire, que le mariage entre frère et sœur, qui a existé à l'origine chez tous les peuples de la haute antiquité, n'a fait en Égypte comme partout ailleurs qu'aller en décroissance. Nous le trouvons encore fort usité à la période grecque, et nous n'en trouvons plus trace sous les périodes romaine et copte.

Il est permis de penser que le mariage était prohibé entre ascendants et descendants, une telle union répugne en effet à tout peuple chez lequel la lumière de la civilisation a commence à luire. Nous voyons cependant des rois[1] épouser leur fille. Mais tout était permis, on le sait, aux tyrans asiatiques, et nous voyons le prince Setna faire tuer ses enfants pour obtenir les faveurs d'une courtisane, sans encourir les rigueurs de la loi.

Il ne faut pas parler en Égypte d'empêchements provenant d'une précédente union puisque, comme tous les Orientaux, les Égyptiens étaient polygames. Mais, comme nous aurons occasion de le voir dans l'étude des contrats de mariage, bien que la polygamie fût permise par la loi, elle était cependant rendue sinon impossible, du moins bien difficile, par les précautions prises par la première épouse légitime dans son acte matrimonial. Nous voyons dans tous les contrats la femme dire à son futur mari : « Si tu me méprises, si tu prends une autre femme que moi, tu me donneras tant... » C'est une clause pénale, toujours très onéreuse, comprenant quelquefois la totalité des biens du mari trop volage. A Memphis même, l'époux qui prend une autre femme se voit dépouillé de tous ses biens, non au profit de sa première épouse, mais de ses enfants ; c'est alors le fils aîné qui prend la direction des biens du père et qui devient administrateur du patrimoine de la famille. Enfin l'amende que le mari devait payer à sa femme en cas d'abandon ou de second mariage était garantie par une hypothèque. Cette hypothèque datait du jour du mariage, et assurait l'efficacité du recours de la femme.

1. M. de Rougé a prouvé que Ramsès II avait ainsi épousé une ou plusieurs de ses filles.

Reste, à propos des empêchements de mariage, une question, la plus difficile de toutes assurément : Le mariage était-il permis entre caste, pouvait-on chercher une épouse dans une autre caste que la sienne ? La question est d'autant plus difficile que les égyptologues ne sont pas encore complètement d'accord sur les castes égyptiennes. Quelques-uns ont même été jusqu'à nier l'existence des castes en Égypte. Depuis la découverte du poème de Pentaour, cette négation n'est plus possible et les récents travaux de M. Révillout[1] ne laissent aucun doute sur cette question. Les castes existaient bien en Egypte. Quant à savoir si le mariage était permis de caste à caste, c'est ce que nos contrats ne nous apprennent pas. A l'époque lagide, du reste, si les castes existent encore, elles ont beaucoup perdu de leur importance au point de vue politique, et surtout au point de vue social, et il ne serait pas étonnant de voir, à cette époque, la fille d'un guerrier épouser un prêtre.

Toutefois il est probable qu'en Égypte comme dans les autres pays le mariage fut, à l'origine, prohibé de caste à caste ; mais, nous le répétons, ce n'est là qu'une conjecture. Car rien dans les monuments, rien dans les écrits d'époque ancienne ou d'époque récente ne vient nous fournir des renseignements sur ce point. Il faut cependant remarquer que nos contrats démotiques sont toujours faits entre personnes de la même condition. Ce sont des choachytes se mariant avec des taricheutes, mais nous ne trouvons aucun contrat regardant des personnes de la caste militaire ou de la caste sacerdotale proprement dite.

Le consentement des père et mère est une condition essentielle de validité du mariage dans le droit moderne. En Égypte il n'en était pas de même. La grande indépendance des enfants au point de vue légal faisait qu'ils étaient complètement libres de choisir leur conjoint. Aussi nos contrats démotiques ne nous montrent-ils pas les parents intervenant au mariage, et jamais nous ne trouvons la signature du père et de la mère à côte de celle de l'enfant, du notaire et des témoins ; quand nous disons jamais, nous allons trop loin, car quelquefois les parents interviennent à l'acte de mariage, mais dans un but étranger à l'union conjugale. C'est lorsqu'ils ont à faire une réserve de droits : par exemple, lorsqu'un fils étant copropriétaire avec ses parents

1. Eug. Révillout, *Cours de droit égyptien*, Ier volume, pages 131 et suiv.

de certains biens qu'il donne à sa femme, comme don ou créance nuptiale, ceux-ci interviennent au contrat pour abandonner leurs droits ou pour les réserver expressément. On peut se demander comment en Égypte, où la donation n'est pas permise, un fils peut être copropriétaire de certains biens avec ses parents. Plusieurs hypothèses sont cependant possibles. La première est celle où un fils ayant travaillé et acquis quelque chose en propre, a acheté un immeuble en commun avec son père; la seconde, de beaucoup la plus fréquente, est celle où un fils aîné, devenu κυριος des biens de sa famille, fait don d'un de ces biens à sa future épouse; dans ce cas le père, qui est toujours usufruitier, figure au contrat pour réserver son usufruit. Enfin la mère prend part quelquefois au contrat de mariage de son fils, tantôt c'est pour renoncer à son hypothèque légale, tantôt c'est au contraire pour garantir le don nuptial fait à la future épouse. C'est ainsi que sous le règne d'Evergète II, l'archentaphiaste Pétésé ayant fait un contrat de mariage, sa mère Héribast intervient pour garantir ce don. Voici cette adhésion d'après un papyrus de Leide. « La femme Héribaste, fille de l'archentaphiaste Sohet... dont la mère est Héri... dit : Reçois l'écrit ci-dessus de la main de Pétésé, fils de Chonouphis, dont la mère est Héribast, mon fils à moi, ci-dessus nommé. Qu'il agisse envers toi selon toute parole ci-dessus, comme il est écrit ci-dessus, et que j'accomplisse toute parole ci-dessus. Mon cœur en est satisfait. S'il n'agit pas envers toi selon toute parole ci-dessus, comme il est écrit ci-dessus, moi-même je les accomplirai de force, sans délai. »

Il n'y avait pas en Égypte d'âge légal pour se marier. Il en était dans ce pays comme dans la société romaine primitive, où l'âge de nubilité des enfants était déterminé par leur famille selon le développement physique des individus. Le mariage avait lieu cependant vers un certain âge qui variait de 13 à 14 ans pour les femmes[1] et de 16 à 17 pour les hommes. Mais il pouvait avoir lieu plus tôt, et un mariage contracté par d'assez jeunes enfants aurait pu être, croyons-nous, difficilement dissous. Du reste, la nullité qui serait résultée de l'impuberté des époux aurait été facilement couverte dans une législation comme celle de l'Égypte où tout se faisait, même le mariage, par un

1. D'après saint Ambroise et un papyrus de Londres, lorsque la femme avait 14 ans, on la circoncisait, et aussitôt on la mariait.

contrat purement pécuniaire, et où l'union conjugale se formait et se disolvait si vite.

Quels étaient les effets du mariage égyptien? Le code de Bocchoris ne fixait pas, comme nos lois modernes, d'une manière précise les droits et les devoirs réciproques des époux ni les effets du mariage. C'était surtout la forme des actes qu'avait en vue ce monument législatif, et, sur ce point, tout était laissé à l'empire des mœurs. Aussi pourrait on se demander quels effets le mariage produisait en dehors des clauses pécuniaires du contrat. L'effet principal d'une union légitime était de placer l'enfant qui naissait de la femme mariée sous la présomption de paternité du mari.

Tout enfant, à sa naissance, est nécessairement inscrit sur les registres de l'état civil appelés les registres *de la double maison de vie*. L'enfant né dans le mariage est placé sous la présomption, *pater is est*. Il a beau n'être inscrit que sous le nom de sa mère, il n'en est pas moins réputé légalement enfant du père.

Ce sont les hiérogrammates qui tiennent ces registres déposés dans les temples. Les hiérogrammates sont des prêtres, des scribes sacrés, chargés de la conservation de l'état des personnes. C'est qu'en Égypte plus que partout ailleurs, plus qu'à Rome où la qualité si précieuse de citoyen romain se prouve cependant par la naissance, plus même que dans nos sociétés modernes, l'état civil était important. On ne pouvait en effet plaider, devant aucune juridiction, sans rapporter auparavant son état civil, la preuve de sa naissance, c'est-a-dire sans produire, ce que nous appellerions aujourd'hui, un extrait des registres de l'état civil. Le Papyrus premier de Turin ne nous laisse aucun doute sur ce point, il nous apprend, que tout plaideur ne pouvant faire la preuve de sa naissance était invariablement repoussé du prétoire, quelque évident que pût paraître son droit. Le grand juge ne pouvait poser la statue de la vérité, signe du gain d'un procès, que sur la tête d'un individu dont la filiation n'était pas douteuse[1]. Il ne faudrait cependant pas croire qu'en Égypte les bâtards ne pouvaient pas plaider. Dans la vallée du Nil, il n'y a pas à propre-

1. Les registres de l'état civil en Egypte n'étaient pas seulement utiles sous le rapport de la preuve de la filiation. Il est même probable que ce n'est pas à ce point de vue qu'ils furent créés. A en croire Hérodote, ils avaient pour but de rattacher les individus de chaque nome au sanctuaire du lieu et de les

ment parler de bâtards, nous avons déjà eu occasion de le dire. Plus civilisés que nous sur ce point, les Égyptiens n'attachaient aucune idée de discrédit à une naissance illégitime. L'enfant porte toujours le nom de sa mère; dans les actes, où l'on cite ses auteurs, la mère est toujours nommée à côté du père et quelquefois même, surtout dans les temps anciens, elle est seule nommée. Mais à quoi bon alors le mariage, et la présomption, *pater is est?* Cette présomption existe seulement au point de vue des droits de succession. L'enfant né dans le mariage n'a besoin d'aucune reconnaissance pour venir à la succession des biens de son père, il est de droit héritier, κυρίος même, s'il est fils aîné. Aussi voyons-nous, et nous aurons occasion de le constater souvent, lorsque nous parlerons du contrat de mariage, bon nombre d'unions légitimées après coup. On pourrait se demander pourquoi par exemple Tsetosor se marie, puisque, ayant été la concubine de son époux, elle ne contracte une union légitime que pour recouvrer sa liberté, si elle le veut le lendemain du mariage? C'est qu'il y avait des enfants nés de son concubinat et qu'il fallait, non pas pour leur donner la légitimité (puisque la légitimité n'existe pas en Égypte) mais pour leur faire acquérir des droits de succession, une reconnaissance qu'on trouvait fort simple de faire par mariage. C'est pourquoi Tsétosor dit à son mari, non pas : « mon fils aîné sera le κυρίος de tous tes biens, » mais *ton* fils aîné sera le maître de tous tes biens, ce qui prouve péremptoirement que ce fils existait déjà au moment du mariage.

On avait cru jusqu'ici que l'Égypte ne connaissait que la filiation naturelle, et qu'aucune institution ne rappelait dans ce pays ce qu'on trouve cependant chez tous les autres peuples : l'adoption. L'adoption est une sorte de paternité fictive faisant entrer dans une famille un individu qui lui est étranger par le sang. Rien dans les monuments, rien dans les actes que possédaient les différentes collections égyptiennes ne nous montrait quelque chose rappelant de près ou de loin l'adoption. On en avait conclu que cette filiation fictive n'avait pas

astreindre ainsi aux charges communes, à la culture, à la corvée et à l'impôt. Du reste ce qui le prouve, c'est que primitivement l'individu appartient à son nome et qu'après sa mort il doit y être renvoyé en quelque lieu qu'il soit décédé. Les hiérogrammates qui ont été chargés d'enregistrer la naissance, sont appelés aussi à constater la mort, car ce sont eux seuls qui peuvent inscrire les titres du défunt sur les stèles funéraires.

existé chez le peuple des pharaons. Il faut en revenir un peu aujourd'hui. Parmi les papyrus qui viennent d'être acquis au musée du Louvre, et qui ont été récemment découverts en Égypte, il en est un qui date de l'an XXXII du règne d'Amasis et qui n'est autre chose qu'un acte d'adoption. Nous allons d'abord en donner la traduction, nous verrons ensuite quelle peut être la valeur juridique de cet acte.

« Tu m'as donné, et mon cœur en est satisfait, l'argent pour faire à toi fils (*sic*). Je suis ton fils ainsi que mes enfants et leurs descendants. Tous mes biens, tout ce que j'acquerrai sera aussi à toi. Personne ne pourra m'écarter de toi, ni père, ni mère, ni frère, ni sœur, ni seigneur, ni dame, ni même la grande assemblée de justice, ni moi-même, ni mes enfants qui seront tes petits-fils. Celui qui viendra à toi pour me prendre à toi, en disant : Ce n'est pas ton fils celui-là, quiconque au monde, dis-je, soit père, mère, frère, sœur, seigneur, dame, grande assemblée de justice ou moi-même, te donnera autant d'argent et autant de blé qu'il te plaira. Et je serai cependant encore ton fils ainsi que mes enfants à jamais. »

Cet acte nous prouve que l'adoption existait en Égypte, comme chez tous les autres peuples de l'antiquité. Mais quelle était la portée de l'adoption, quels en étaient les effets? voilà la question qui se pose d'abord en face de cet acte peu explicite. Elle est cependant facile à résoudre, quand on étudie de près, non seulement ce contrat, mais les autres papyrus trouvés avec lui, et qui sont relatifs à la même famille. En Égypte l'adoption est purement testamentaire. Les sujets des pharaons ne connaissent pas le testament; tous les membres de la famille ont une sorte de copropriété sur les biens familiaux, et on ne peut, par acte de dernière volonté, transmettre ses biens à un étranger. Cependant quand on veut déshériter ses parents, on prend un moyen détourné, on fait, par une adoption, entrer dans la famille l'étranger qu'on veut avantager. L'adoption n'est donc plus qu'une sorte de testament. Il en était du reste ainsi dans l'Inde, et même dans la Grèce : la loi de Gortyne, dont M. R. Dareste vient de donner une traduction nouvelle, nous montre l'adoption n'étant autre chose qu'un testament.

A Rome, il n'en était pas de même; l'adopté sortait complètement de sa famille naturelle pour entrer dans sa famille adoptive; tous ses biens passaient à l'adoptant, et celui-ci acquérait sur lui la puissance paternelle. D'après le texte de notre acte, on pourrait croire que le système égyptien était le même que le système romain. Nous y lisons en effet, que tous les biens de l'adopté passent à l'adoptant, et que ses enfants seront les petits enfants de celui-ci. Malgré cette forme, il est bien certain que l'acte d'adoption égyptien est bien un acte testamentaire. En effet, dans d'autres conventions relatives au même individu nous trouvons qu'il continue à porter le nom de son père naturel, à être désigné comme son fils, nous le voyons même faire des actes relatifs aux biens de sa famille naturelle ; il n'est donc pas sorti de cette famille pour entrer dans celle de son père adoptif, dont il n'est plus ensuite question. Nous ne voyons donc dans notre adoption qu'une forme testamentaire. Cette adoption pouvait du reste être rompue, non pas comme à Rome, par une émancipation, mais par la survenance d'un enfant à l'adoptant. Car, dans la liste des personnes qui ne peuvent pas critiquer l'adoption nous ne trouvons pas la moindre mention des enfants de l'adoptant. L'adoption en Égypte était donc rompue par la survenance d'un enfant qui, devenant pour ainsi dire un *heres suus*, chassait l'individu qui était venu prendre sa place et ses biens.

Reste une question à propos de l'adoption. Notre contrat, avons nous dit, est du règne d'Amasis. Mais à l'époque lagide nous ne trouvons nulle trace de contrat du même genre. Nous avons seulement dans certains actes des personnes qui interviennent à chaque instant pour d'autres, et qui pourraient bien n'être que des pères adoptifs. Ainsi Horus partage ses biens entre ses enfants, et un de ses fils, Chapocrate, renonce à sa part héréditaire. Il ne fait en cela que suivre la loi, car de choachyte étant devenu receveur des contributions royales, c'est-à-dire ayant changé de caste, il était forcé de renoncer au patrimoine de sa famille. Un autre receveur royal intervient souvent avant ce changement d'état dans les actes de la famille. Probablement c'est lui qui a pris entre ses mains cet enfant, ét en a fait un receveur. Cet individu ne serait-il pas un père adoptif? On peut soutenir la négative. La question reste cependant douteuse, car il est bizarre de voir ainsi un homme s'ingérer sans raison dans la vie juridique d'un autre. Ce receveur royal devait tenir par certains liens à Chapocrate. D'après la théorie qui soutient qu'il n'y a pas là une adoption, l'institution juridique dont nous parlons aurait complètement disparu de l'Egypte, et aurait été remplacée, comme moyen testamentaire, par une vente fictive. Ce serait un changement dans les mœurs et la législation. Ceci nous paraît bizarre, car il faut nous rappeler que, sous les Lagides, nous sommes à une époque où le droit grec (qui admet l'adoption) commence à pénétrer le vieux droit égyptien, et à être même appliqué comme *jus gentium* dans toute l'Égypte.

Si l'adoption n'existait pas, ou n'existait que peu en Égypte, nous trouvons au contraire la légitimation largement pratiquée. Le mot légitimation n'est pas l'expression adéquate à la pensée que nous voulons exprimer. Nous avons déjà dit, et répété plusieurs fois que sur la terre des pharaons, il n'y avait ni bâtards, ni enfants légitimes, mais une seule condition juridique, la même pour tous. Ce n'est donc pas légitimation, mais reconnaissance qu'il faut dire. L'enfant né en dehors du mariage légitime peut être reconnu par son père. Dès lors, il aura tous les droits d'un enfant né en légitime mariage, il entrera dans la famille de son auteur, héritera de lui et de tous ses parents, aura en quelque sorte la position des enfants que nous appelons légitimes, et voilà pourquoi nous parlions tout à l'heure de légitimation.

La puissance paternelle est aussi un des effets du mariage. Nous avons eu déjà l'occasion d'en faire comprendre la faiblesse chez les Égyptiens; on peut même dire qu'au temps des Lagides elle n'existait pas; les parents avaient seulement sur leurs enfants un droit de correction. Dans les temps anciens de l'Égypte, il n'en était probablement pas de même, car le scribe Ani recommande au père de maintenir une sage discipline dans la maison: « La discipline dans la maison, dit-il, c'est la vie, use de la réprimande, et tu t'en trouveras bien. » Les enfants avaient même en Egypte un grand rôle dans la famille, le fils aîné était le représentant de la famille, à l'encontre de son père qui aurait pu gaspiller la fortune. Il était *le neb*, le κυριος des biens. Quand nous disons le fils aîné, il faut entendre aussi la fille aînée qui, dans les temps primitifs du moins, pouvait parfaitement être κυρια[1]. Mais au temps des Lagides, la fille a perdu

1. Voir le papyrus du règne de Darius Codoman. Collection du musée du Louvre.

ce droit, surtout depuis le prostagma de Philopator sur la estriction des droits de la femme.

Ce que nous venons de dire des effets du mariage, nous a un peu écarté de notre explication de la condition juridique de la femme. Nous y rentrons complètement avec l'étude de la dissolution du mariage. Nous allons voir ici encore la femme reprendre complètement son rôle d'égale de l'homme. Nous trouvons quatre causes de dissolution : la *mort*, le *divorce*, la *répudiation* et l'*abandon*.

La mort rompait naturellement le mariage, la femme pouvait se remarier, et elle avait un an pour rendre aux héritiers de son mari les biens de celui-ci, au cas de communauté. Quant au mari, il recouvrait, lui aussi, pleine liberté par la mort de sa femme ; car si la polygamie était permise, nous savons que les femmes avaient soin de l'empêcher au moyen d'une forte amende stipulée dans le contrat de mariage, pour le cas où le mari prendrait une autre femme.

Le divorce existait aussi en Egypte. Mais a-t-il toujours existé? c'est ce dont il est permis de douter. A l'origine, lors de la grande pureté de la famille, le mariage n'était peut-être pas indissoluble, mais la femme ne pouvait le rompre à sa guise, la répudiation seule était permise, et encore pour des causes graves. Mais peu à peu le mariage perd de son haut caractère moral et au temps des Lagides, nous voyons le divorce pratiqué et réglementé. A cette époque même, il faut distinguer deux périodes. Dans la première, où l'on ressent encore les influences de l'antique législation, le divorce est permis au mari seul, puis à la femme, mais seulement quand elle s'est reservé ce droit par contrat. Du reste la femme avait, dans l'un et l'autre cas, l'habitude de prendre des précautions qui devaient singulièrement diminuer, sinon complètement détruire, les inconvénients que pouvaient offrir pour elle le divorce. Ainsi elle fixait une forte amende, pour le cas où son mari viendrait à rompre l'union conjugale, elle se faisait reconnaître une dot fictive. enfin elle insérait dans le contrat la clause qu'en cas de divorce le mari serait dessaisi de tous ses biens au profit du fils aîné, κυριος du patrimoine de la famille. Nous indiquerons les formules de ces clauses, lorsque nous traiterons du contrat de mariage, et des régimes matrimoniaux. Dans la seconde période, la femme pouvait divorcer elle-même, comme elle le voulait, sans raison ni motif et nous trouvons après le règne d'Évergète II, règne qui marque la décadence morale de l'Égypte, des contrats dans lesquels la femme semble s'être réservé le divorce pour elle seule. C'est ainsi qu'un acte de l'an XL de Ptolémée et Cléopâtre porte que la femme pourra divorcer. Voici le passage de cet acte qui se rapporte au divorce : « Je t'établirai pour femme, à partir du jour ci-dessus, c'est toi qui seule pourra t'en aller (c'est-à-dire divorcer). » Et dans la suite de l'acte nous ne rencontrons aucune clause semblable à celle des autres contrats. Le mari ne dit pas comme de coutume : « Si je te méprise, si je prends une autre femme, je te donnerai tant, etc... » La femme se réserve à elle seule le droit de rompre le mariage, elle ne prend même pas la peine de s'assurer par une clause pénale la fidélité de son époux, certaine d'avoir toujours des ressources, puisqu'elle s'est fait reconnaître une dot fictive, qui lui sera payée, soit 30 jours après la réalisation du mariage, soit au moment du divorce. Le divorce devient de plus en plus commun en Égypte à la fin des Lagides, et nous voyons, par les papyrus démotiques et grecs, qu'il n'y a plus de mariage sans que le divorce soit prévu par une clause spéciale.

A côté du divorce, la répudiation existait. Le mari avait le droit d'abandonner sa femme, et la femme de délaisser son mari. C'était même de cette manière que se pratiquait le divorce; car il ne faudrait pas croire qu'en réalité, comme chez nous, il intervenait une autorité judiciaire chargée de dissoudre les liens matrimoniaux. Primitivement le mari seul a le droit de répudier sa femme, mais peu à peu les femmes revendiquent elles-mêmes ce droit. Elles se l'attribuent d'abord d'une manière contractuelle, insérant cette clause dans l'acte de mariage, puis enfin il est admis dans les mœurs que la femme pourra quitter son mari.

Nous ne voulons pas terminer cette étude du mariage, sans toucher à une question qui, longtemps restée obscure, semble aujourd'hui parfaitement élucidée. C'est celle de l'*Établissement pour femme*. Dans les contrats de mariage on rencontre toujours deux termes, deux expressions opposées. « Je te prends pour femme et je t'etablirai comme femme. » L'une de ces expressions est au présent, l'autre au futur. On comprend parfaitement ce que signifie la *prise pour femme*. C'est le mariage lui-meme, c'est pour ainsi dire l'échange du consentement des époux.

Mais qu'est-ce que l'établissement pour femme ? On avait d'abord pensé que l'établissement pour femme n'était autre chose qu'une cérémonie religieuse qui devait avoir lieu après la passation du contrat, et solennellement promise à la femme par son futur conjoint. En effet, tous les contrats qu'on possédait mettant au futur cette expression : « Je t'établirai pour femme, » il ne pouvait s'agir que d'une cérémonie postérieure au contrat de mariage. La découverte de certains papyrus a complètement détruit cette opinion. On voit dans ces actes, que les contrats qui n'ont pour but que de légitimer une union déjà existante portent l'établissement pour femme au passé, et non au futur. Le mari ne dit plus à sa femme : « Je t'établirai pour femme » mais au contraire « J'ai reçu tant, et mon cœur en est satisfait, lorsque je t'ai établie comme femme, « voulant faire ainsi remonter par une fiction le mariage à l'époque des premiers rapports qu'il avait eus avec sa femme. Voici du reste un de ces contrats, qui est de l'an V de Darius.

« Pétésé dit à la femme Tsenhor... Tu m'as donné trois *argenteus* du temple de Ptah quand je t'ai établie comme femme. Si je te méprise, je te donnerai encore trois argenteus en dehors de ceux que tu m'as apportés en mariage ; je te donnerai en outre le tiers de tous les biens que j'acquerrai. »

Dans cet acte, Pétésé reconnaît à sa femme une dot que celle-ci lui aurait soi-disant apportée lors de leur union, c'est-à-dire lors de *l'établissement pour femme*.

Cette expression ne signifierait donc pas autre chose que la consommation du mariage, l'union physique de l'homme et de la femme. Du reste cette opinion peut encore s'appuyer sur une loi de l'empereur romain Zénon. Par cette loi, il prohibe les mariages entre beau-frère et belle-sœur. Il paraît que ces unions, déjà défendues par d'autres empereurs, étaient devenues fréquentes à son époque, et voici comment. La loi se refusait bien à reconnaître comme valables de tels mariages, mais on l'éludait, en se basant sur la loi égyptienne (à ce que nous rapporte toujours Zénon) qui déclarait le mariage inexistant, tant qu'il n'avait pas été réellement consommé. Or, on pretendait toujours que l'union physique des époux n'avait pas eu lieu dans le premier mariage. Le mariage égyptien demandait donc pour être conclu non seulement le contrat, mais encore la consommation, l'union physique des deux époux.

Nous venons de dire que c'est lors d'un mariage après séduction qu'on trouve au passé la formule d'établissement pour femme. Nous rencontrons à ce propos dans nos contrats égyptiens un acte de mariage de ce genre acte des plus bizarres, et qui montre combien la femme était libre lors de la rédaction de ses conventions matrimoniales. Voici cet acte :

« L'an XVII du roi Ptolémée, fils de Ptolémée et d'Arsinoë... Le marchand Panofré, surnommé Petkès, fils de Ki, dont la mère est Tsetamen, dit à la femme Tanofré, fille d'Amenhotep, dont la mère est Tahet : Je t'ai établie comme femme. Je te cède ton droit de femme ; je ne puis m'en dédire en aucune manière. Depuis aujourd'hui je te reconnais comme ma femme devant tous. Mais je ne puis te dire : Tu es ma femme, et je suis devenu ton mari, je ne puis m'opposer à ce que tu ailles dans quelque lieu que tu voudras. »

Puis suit une énumération de biens que Petkès fait à sa femme. Ce mariage, comme on le voit, ne fut conclu que pour être dissous de suite. Nous savons d'après les papyrus qui accompagnent celui que nous venons de citer en partie, comment ce mariage fut décidé. Le marchand Petkès était venu s'établir dans la maison d'une jeune et jolie fille égyptienne, il avait eu des rapports avec elle, mais, surpris par les parents, complices de cette affaire de chantage, il avait d'abord été obligé de céder une partie de ses biens à ces honnêtes gens. Puis, comme on doutait de la validité des actes de cession faits par lui, on le força à épouser la jeune fille, mais en insérant dans le contrat une clause de divorce immédiat, de sorte que le malheureux Petkès ne fut, on peut le dire, qu'un mari honoraire.

Cet acte est le seul que nous possédions de ce genre, mais aucun doute ne peut cependant s'élever sur sa validité. Il nous prouve combien était grande à l'époque des Ptolémées la liberté des femmes, et aussi comment elles savaient abuser de cette liberté. Il nous montre enfin ce qu'était devenu sous les dynasties grecques le mariage égyptien, combien il était déchu et quelle différence il y avait entre cette affaire purement pécuniaire, et l'ancien mariage, où la femme était respectée, honorée de tous, mais aussi où elle se dépouillait de tout dans le but de ne plus faire, pour ainsi dire, qu'une seule personne avec l'époux qu'elle s'était librement choisi.

## DEUXIÈME PARTIE

# CONDITION PÉCUNIAIRE DE LA FEMME

---

## CHAPITRE PREMIER

### DROITS HÉRÉDITAIRES ET CAPACITÉ DE LA FEMME

Après avoir montré quelle était la condition personnelle de la femme dans l'ancienne Égypte, il va nous être facile de déterminer quelle y était sa capacité et ses droits au point de vue pécuniaire : nous verrons, en effet, que chaque variation dans la législation, au point de vue qui va nous occuper, correspond à un changement dans la condition personnelle de la femme ; sa capacité au point de vue pécuniaire est corrélative à sa condition personnelle.

L'étude de la condition pécuniaire de la femme en Égypte nous sera encore facilitée par le grand nombre de documents que nous possédons sur ce sujet. De ces documents, les uns se rapportent à l'époque antique, c'est-à-dire à l'époque qui précéda les dynasties grecques; d'autres, et ceux-ci sont de beaucoup plus nombreux, se rapportent à l'époque lagide.

Nous diviserons cette étude en trois parties : 1° nous traiterons d'abord des droits pécuniaires de la femme, en tant que droits héréditaires; nous verrons comment elle hérite dans sa famille, et comment est réglé sa succession; 2° nous rechercherons ensuite comment se règle la capacité de la femme, comment elle peut acquérir, vendre, contracter en un mot, avec ou sans l'autorisation du mari, suivant les époques où nous nous placerons; 3° et nous finirons par une étude plus détaillée et particulière du contrat de mariage; cette étude finale est d'autant plus nécessaire, qu'elle terminera notre étude générale sur la condition de la femme. Car, en Égypte, plus que partout ailleurs, comme nous l'avons, du reste, déjà vu dans la première partie de cet ouvrage, le contrat est intimement lié au mariage.

### 1. *Droits héréditaires de la femme.*

Avant d'aborder l'étude des droits héréditaires de la femme, nous devons, pour rendre cette étude plus claire, et ne pas nous laisser arrêter par des difficultés de détail, donner une idée générale du régime des successions en Égypte.

A l'inverse des Romains, qui avaient une préférence marquée pour l'hérédité testamentaire, et qui regardaient comme une tache à la mémoire le fait de mourir sans testament, les Égyptiens ne connurent pendant fort longtemps que la succession *ab intestat:* C'est seulement sous la domination romaine que le testament, entre autres innovations imposées par les vainqueurs aux vaincus, fit son apparition en Égypte. Jusque-là il y était absolument inconnu. La famille égyptienne formait une espèce d'association, propriétaire de tous les biens patrimoniaux. Si donc un des membres veut disposer des biens qui sont sa part de copropriété en faveur d'un étranger, il est obligé de faire entrer celui qu'il veut avantager dans l'association, c'est-à-dire dans la famille. Il obtient ce résultat au moyen de l'adoption; ce n'est donc pas un étranger qui sera institué héritier par testament, ce sera un fils adoptif, donataire de son père. Cette idée de copropriété familiale est tellement absolue, du moins dans une certaine période, qui va probablement jusqu'après Darius Ier, que non seulement on ne pouvait, sans adoption, enlever ses biens à la famille naturelle à titre gratuit, mais encore qu'il n'y avait aucun moyen de les aliéner à titre onéreux, tout au moins lorsque ce sont des immeubles compris dans la copropriété. En effet jusque-là nous ne trouvons aucune vente d'immeubles[1]. Parmi les nombreux documents que nous possédons, nous trouvons tous les autres contrats, locations,

1. Il ne faut pas prendre ici le mot immeuble dans le même sens que nous l'employons aujourd'hui. La division des biens en droit égyptien, comprendrait d'une part les terres, et de l'autre toutes les autres choses. Seules, à l'époque antique, les terres étaient inaliénables.

partages, etc..., mais pas une seule vente d'immeubles. Est-ce un cas fortuit? nous ne le croyons pas, d'autant plus qu'à partir de Darius I$^{er}$, la vente d'immeubles se retrouve aussi souvent que les autres actes juridiques. De cette idée de copropriété familiale, découlait l'idée d'égalité parfaite entre toutes les personnes appelées à une succession. Aussi voyons-nous enfants et descendants (car la représentation existe), hériter, par souches, de parts absolument égales. Le fils aîné, comme nous avons eu l'occasion de le dire si souvent, est le neb, le κυρίος des biens de la famille. Il est chargé, si ses parents ne l'ont pas fait, de procéder aux opérations du partage : mais en général ce sont les parents qui, de leur vivant, partagent eux-mêmes les biens, et nous voyons que ce qui domine toute la matière des successions en droit égyptien, c'est pour ainsi dire le partage d'ascendants[1].

De ce principe que la femme est l'égale de l'homme dans la famille, découle cette conséquence nécessaire, qu'elle a les mêmes droits de succession que ses frères, et que toutes les parts héréditaires sont absolument égales. Donc pas de privilège pour l'aîné, pas de déchéance à cause du sexe. Ceci est vrai à toutes les époques ; toujours il existe entre frère et sœur une égalité parfaite. On trouve cependant des contrats de partage, où la fille se voit enlever une certaine portion, ordinairement très minime, des biens de son père, en faveur de son frère aîné[2] ; ces actes semblent contredire notre assertion. Mais deux observations réduiront à néant cette contradiction apparente ; d'abord cela ne se rencontre qu'assez tard sous les Lagides, et cette inégalité n'existe qu'à la suite d'une cession volontaire faite par la sœur à son frère aîné. Cette cession est du reste faite pour rémunérer le frère qui a eu tous les ennuis de la liquidation et du partage. Ne pourrait-on pas comparer cette part avantageuse au diamant que certains testateurs attribuent à l'exécuteur testamentaire ? Une autre raison justifiait cette faveur accordée au frère ; c'est que la fille pouvait, dans son contrat de mariage, se faire consentir des avantages immenses par son futur mari. La femme à cette époque se vendait à son mari, et

1. Les parents ou plutôt le père avait l'habitude de faire de son vivant le partage de ses biens. Ce partage différait de notre partage d'ascendants en ce que les enfants acquéraient, du vivant même de leur père, leur part de succession. L'ascendant ne se réservait que l'usufruit.

2. C'est ainsi que nous voyons dans le partage qu'Horus fait entre ses enfants, le fils aîné recevoir une part un peu plus forte que les autres.

elle se vendait cher. Elle ne consentait guère à se livrer, qu'après donations préalablement faites et signées devant le scribe. La fille pouvait donc perdre cette minime partie du côté de sa famille, puisque ses avantages matrimoniaux compensaient largement cette perte.

A l'époque primitive, l'égalité est tellement parfaite entre le fils et la fille, que cette dernière peut même être κυρία ou neb des biens de la famille. Nous en avons comme preuve un acte du règne de Darius Codoman. C'est un acte par lequel une fille partage entre ses frères et sœurs, les biens provenant de la succession de leur père.

. . . . . . . . . . . . . . . . . . . . . . . . . . . .

. . . . . . . . . . . . . . . . . . . . . . . . . . . .

« An II athyr du roi Darius. » Le contrat est rédigé par Isis, fille de Ha, s'adressant à son cousin germain, le choachyte d'Amen-Api de l'occident de Thèbes, Petamenapi dont la mère est Isérasi ; elle dit : « Je t'abandonne les droits sur les maisons, les terrains nus, tous les biens au monde appartenant au pastophore d'Amen-Api de l'occident de Thèbes, Ha, fils de Pchelchons, et dont la mère est Nesnebhator, mon père, le frère cadet de Nesnim, fils de Pchelchons, ton père. Je n'ai plus aucun droit de jugement, de serment, d'adjuration judiciaire, de réclamation quelconque à te faire. Depuis ce jour, celui qui viendra à toi (pour t'inquiéter pour part de maisons, de terrains nus, de totalité de biens au monde)..., parmi les enfants mâles, les enfants femelles, quiconque au monde provenant de Ha, fils de Pchelchons, mon père, je le ferai éloigner de toi. Je le ferai même éloigner par contrainte[1]. »

Comme on peut le remarquer, d'après les termes de cet acte, la fille agit bien en sa qualité de κυρία, en sa qualité de chef de famille. Ce n'est pas en vertu d'un mandat conventionnel qu'elle partage l'hérédité, c'est bien en vertu d'un mandat légal. Elle dit : « Je vous cède tel droit, je vous donne telle chose, et cela Et les sans conserver aucun droit de jugement (d'appel en justice). » frères et sœurs répondent : « Nous t'abandonnons. » Or ces expressions, opposées l'une à l'autre, sont la caractéristique de la *saisine*[2] du κυρίος. Car dans un partage, le κυρίος *donne* aux

1. Voir *Corpus papyrorum Aegypti*, de M. Eugène Révillout, t. I, p. 12.
2. On pourrait, en effet, rapprocher les droits du κυρίος de la saisine hérédi-

autres leur part, et les autres lui *abandonnent* la sienne, qu'il s'agisse de biens meubles ou immeubles, alors même que les parts sont pleinement égales.

Mais il n'en est plus ainsi à l'époque lagide. La femme ne peut plus être κυρία. Cette réforme est certainement accomplie après le πρόσταγμα de Philopator, sur lequel nous aurons longuement à revenir. Avant ce décret, la condition de la fille avait-elle déjà changé, au point de vue qui nous occupe? On ne peut l'affirmer absolument. Il faut seulement remarquer que, dans tous les contrats de mariage que nous possédons, et appartenant à cette éqoque, nous trouvons le mot κυρίος appliqué incessamment au fils aîné, jamais à la fille; de plus, il est impossible de trouver un seul acte de partage, fait par une sœur entre ses frères. C'est donc que la condition de la fille était changée. Ce changement se produisit probablement, quelques années après la domination des Grecs, au moment où la législation macédonienne, qui plaçait la femme dans une condition inférieure à celle de l'homme, s'introduisit en Égypte, et s'implanta à côté de l'antique législation du pays.

Quant à l'hérédité de la femme, la dévolution en est réglée, absolument comme de celle du mari. Le partage se fait entre tous les enfants qui héritent des biens de leur mère par parts égales. Ils ont même le droit de réclamer à leur père les donations et les avantages qu'il a faits à sa femme dans son contrat de mariage. Donc au point de vue de la succession *ab intestat*, l'égalité est parfaite entre le mari et la femme.

Il nous faut signaler seulement une différence entre les deux successions; cette différence existe dans ce que nous avons appelé le partage d'ascendants : on ne la trouve du reste qu'à une certaine époque du droit.

Il faut donc, pour bien faire ressortir cette différence, distinguer deux périodes.

Dans la première période, qui va jusques après Darius I^er^, le partage se fait d'une maniere identique, qu'il soit accompli par le père, par la mère, ou par le fils aîné κυρίος. Les expressions employées par le partageant, sont les mêmes. Le partageant dit toujours : « A toi telle chose, à toi telle part de telle chose,

taire actuelle. Le frère aîné serait héritier, et ses autres frères et sœurs ne seraient que des sortes de légataires obligés de demander la délivrance.

à toi tel droit. » C'est une reconnaissance, une attribution de droits, plutôt qu'une acquisition nouvelle.

Dans la deuxième période, au contraire, le père et le fils aîné κυρίος, disent : « Je te donne telle part de telle chose, je te cède tel droit, » montrant qu'ils agissent ainsi en vertu d'une sorte de magistrature familiale, en vertu d'un mandat qui leur est donné par la loi. La femme au contraire dit : « Je te vends telle chose, je te cède tel droit, moyennant tel prix. » Bien entendu cette vente est purement fictive : C'est une sorte de mancipation, comme nous avons déjà eu l'occasion d'en rencontrer à propos du mariage et de l'adoption.

Mais, peut-on nous demander, pourquoi ces termes impliquant l'idée d'une vente fictive? Pourquoi cette différence de mots?

Il est difficile de répondre à cette question d'une manière catégorique et précise. On pourrait peut-être rattacher la solution de ce problème au courant juridique de l'époque. La femme était alors considérée comme l'égale de l'homme, elle lui était même supérieure, si nous osions le dire, car elle jouissait de « cette liberté illimitée des transactions, pour tout ce qui n'était pas fixé par la loi, d'une façon positive, qui a donné naissance à l'omnipotence réelle de la femme[1]. »

Elle profitait donc de la situation avantageuse qui lui était faite, pour se faire attribuer tous les biens du mari. A cette époque tout se fait par et pour l'argent. Si elle se marie, c'est un achat ou plutôt une location que fait le mari. La femme se loue à son futur époux. Dans son contrat de mariage, rien que des clauses pécuniaires, et toujours en sa faveur. En un mot, on pourrait presque résumer d'un seul terme un peu dur, la condition de la femme à cette époque : « femme = argent. » Quoi donc de plus naturel alors que la femme, qui se sert d'un contrat à titre onéreux, d'une vente, pour se marier, s'en serve également pour transmettre son héritage? Mais, bien entendu, de même que le mariage par mancipation n'est qu'une vente fictive, de même le contrat qui intervient entre la femme et ses héritiers, n'est qu'une vente sans prix réel.

Jusqu'ici nous avons toujours supposé la femme mariée; l'hérédité d'une femme qui ne le serait pas se règle absolument comme une hérédité ordinaire. Il y aurait peu de choses à en

1. M. E. Révillout, à son cours.

dire, et de plus il ne rentre pas dans le cadre de notre sujet de traiter de l'hérédité.

### 2. *Capacité de la femme.*

Ce n'est pas seulement au point de vue héréditaire que la capacité de la femme est la même que celle de l'homme. Nous avons déjà eu l'occasion de dire que la femme pouvait contracter librement, sans aucune autorisation, du moins avant le πρόσταγμα de Philopator. Elle possède un patrimoine propre à propos duquel elle peut faire tous les actes d'administration et de disposition. La femme a une entière liberté pour la discussion de ses conventions matrimoniales, et certes elle en use largement. C'est elle qui dicte les clauses du contrat, qui les fait rédiger à son plus grand avantage, qui impose des charges fort lourdes à son fiancé. Une fois le mariage conclu, la femme conserve encore la jouissance de tous ses biens. Si elle a apporté une dot à son mari, celui-ci en deviendra bien propriétaire, mais il devra la rendre à la dissolution du mariage. Pour le reste de son avoir, la femme est indépendante. Elle administre ses biens comme elle l'entend, et nous savons par les historiens grecs qu'elle ne donnait pas mandat à son mari de les gérer, mais que c'était elle-même qui s'occupait de les faire valoir. Rien, en droit égyptien, qui ressemble au pouvoir du mari comme chef de la communauté. Il n'existe même rien qui ressemble à un usufruit matrimonial. Est-ce à dire que la femme ne contribuait en rien aux charges du ménage, que l'entretien et l'éducation des enfants était complètement à la charge du mari, dépensant tout son avoir pendant que sa femme thésaurisait? Nous ne le pensons pas. Nous voyons toujours la femme égyptienne, bonne mère, veiller sur ses enfants, et songer à leur avenir. Il est probable qu'elle les élevait de concert avec son mari, et qu'elle dépensait pour eux selon sa fortune. Mais il n'y avait là rien de prévu par la loi, rien d'arrêté dans les contrats, tout était laissé au bon vouloir de la mère. Du reste on peut penser que la pension alimentaire servie par le mari à sa femme pouvait servir aussi à l'entretien des enfants.

La femme, qu'elle soit mariée ou non, peut parfaitement contracter, acheter, vendre, s'obliger, etc... Certaines législations, craignant l'entraînement de la femme, défendaient les donations entre époux et les ventes entre conjoints, qui ne sont souvent que des donations déguisées. La loi égyptienne n'avait pas songé à une telle mesure. La femme était trop libre, trop indépendante dans le mariage même pour avoir besoin d'être ainsi protégée. Elle savait trop bien gérer ses affaires, et faire respecter ses conventions matrimoniales pour qu'on pût craindre d'elle des entraînements de générosité vis-à-vis de son époux. Aussi voyons-nous très souvent des contrats de vente et des donations entre époux. Tantôt c'est le mari qui cède à la femme une de ses maisons, ou une partie des biens dont il a hérité de son père. Tantôt, peut-être [1], c'est une femme qui donne à son mari un immeuble quelconque, tantôt enfin le mari change la communauté qu'il avait précédemment consentie à sa femme; d'une communauté du tiers, il fait une communauté de moitié, avantageant ainsi sa femme beaucoup plus qu'il ne l'avait fait au début du mariage.

Dans un tel état de législation, il n'est pas douteux qu'une femme puisse cautionner son mari, s'obliger pour lui, donner ses biens en garantie des créances souscrites par lui. Rien ne ressemble au sénatus-consulte Velléien, la femme peut intervenir pour autrui, peut, dans le mariage aussi bien qu'en dehors du mariage, cautionner les dettes d'un autre. C'est ce qui nous est clairement démontré par le papyrus de Zoïs [2]. Ce Papyrus est un acte judicaire qui nous montre une femme non mariée expropriée de son jardin. Cette femme avait cautionné un fermier de l'impôt, celui-ci n'ayant pu payer ce qu'il devait, la femme fut poursuivie, et on réalisa l'hypothèque qu'elle avait consentie sur tous ses biens. C'est la réalisation de cette hypothèque, en ce qui touche le jardin, qui fait l'objet de notre papyrus.

Comme on le voit, la capacité de la femme est, en Égypte, de tout point semblable à celle de l'homme. Cet état de choses dure jusqu'au προσταγμα de Philopator.

A cette époque on voulut restreindre les droits et la capacité de la femme. Deux causes contribuèrent à cette révolution juridique : l'invasion des idées grecques, et l'abus qu'avaient fait les femmes égyptiennes de leur liberté. Les Grecs, en conquérant l'Égypte n'avaient pas été sans y apporter leurs mœurs et leurs lois; mais, comme la plupart des peuples de l'antiquité, ils

1. Nous n'avons, en effet, trouvé jusqu'ici aucune donation de femme à mari.
2. Karl Wessely. *Die grieschichen Papyri der kaiserlichen Sammlungen Wiens*, page 14.

avaient laissé aux vaincus leur législation et leurs usages. Il en résultait un dualisme dans la législation. Deux lois étaient appliquées dans le même pays, ces deux lois ne devaient pas tarder à déteindre l'une sur l'autre. Comme la condition de la femme était loin d'être en droit grec aussi favorable à celle-ci qu'en droit égyptien, comme d'autre part, c'étaient les Grecs qui dominaient le pays, la capacité de la femme devait tendre à se restreindre. Du reste nous savons que les femmes avaient abusé de la liberté illimitée des contrats. Nous avons déjà vu, et nous aurons occasion de revoir encore que la femme se faisait consentir dans son contrat de mariage des avantages immenses ; qu'après le mariage, elle faisait souvent changer à son profit la communauté, qu'enfin, maîtresse de tous ses biens, elle les administrait de manière à compromettre au moins la dignité du mari. Philopator fit en Égypte une véritable révolution juridique, en ce qui touche la législation concernant la femme. Il exigea l'autorisation maritale. Il faut bien comprendre quelle fut la portée du changement introduit par le roi grec. Il ne diminua pas à proprement parler la capacité de la femme. En tant que fille, en tant que veuve, elle reste pleinement capable ; elle peut comme auparavant s'obliger seule et sans κυριος, vendre, acheter, hypothéquer ses biens. Mais dès qu'elle se marie cette capacité disparaît ou plutôt elle s'affaiblit, elle a besoin d'un appui, qui est l'autorisation maritale. Ce n'est pas le système des Grecs ou des Romains, c'est le système de notre code civil actuel. L'autorisation maritale se donnait même comme chez nous : le mari intervenait à l'acte, et y donnait son adhésion. Voici une de ces autorisations :

« L'archentaphiaste Pasi, fils d'Harmachis, dont la mère est Ntoua, mari de la femme Ntoua susnommée, dit : Que je fasse toute parole ci-dessus, mon cœur en est satisfait. Je te cède et je cède tout ce que ma femme vous a cédé ci-dessus. Je n'ai plus aucune réclamation à vous faire. Depuis ce jour celui qui viendra vous inquiéter je l'écarterai de vous ; vous m'obligerez à vous faire de plus selon toute parole ci-dessus [1]. »

A partir de ce προσταγμα la capacité de la femme mariée change complètement. Les donations entre époux disparaissent et n'ont

1. Papyrus 2411 du Louvre, appartenant au règne de Ptolémée Denys.

plus que la valeur d'institutions testamentaires. Le mari devient bien réellement le chef de la famille, le magistrat domestique. Ce qui le prouve, c'est qu'à partir de ce moment, à Thèbes, ce n'est plus comme autrefois la mère, mais le père qui distribue les biens de la famille.

La révolution de Ptolémée Philopator ne s'accomplit pas sans difficulté. Les femmes, paraît-il, ne se soumirent que contraintes au nouveau régime qu'on leur imposait. Les avantages matrimoniaux, qu'elles pouvaient toujours stipuler librement, continuèrent à exister, et plus d'un mari paya de sa vie l'audace qu'il avait eue de vouloir s'ingérer par trop dans les affaires de sa femme [1]. Mais enfin les mœurs se mirent d'accord avec les lois, et les femmes égyptiennes se contentèrent d'une condition légale qui était encore, malgré tout, la plus avantageuse du monde antique.

1. Voir *Revue égyptologique*, n° II, pages 96 et 97 première année.

# CHAPITRE II

## DU CONTRAT DE MARIAGE

D'après les renseignements qui nous sont fournis par Diodore de Sicile[1], l'Égypte aurait eu quatre grands législateurs. Rhamsès II, le célèbre Sésostris, Bocchoris, Amasis et Darius Ier. Mais il ne faut pas parler de contrats en Égypte avant Bocchoris. Jusqu'au règne de ce prince, la terre n'appartient pas au peuple, il n'en a que la jouissance, et les castes privilégiées des prêtres et des guerriers partagent avec le roi le domaine éminent du sol. Ce fut Bocchoris qui organisa, en même temps que la propriété des particuliers, le droit des contrats, qui est corrélatif du reste à ce droit de propriété. Car à quoi servirait la propriété d'une chose, si on ne pouvait ni la louer, ni la vendre, ni la donner en gage, ni en un mot contracter à son propos. C'est donc seulement à partir de Bocchoris, que nous trouverons des contrats de mariage. Dans son code divisé en huit livres[2], et que devaient toujours avoir sous les yeux les juges de l'Égypte, le roi législateur organisa complètement les contrats. Nous n'avons plus malheureusement ce code, mais nous savons cependant qu'on y avait posé le grand principe moderne de la liberté des conventions, la grande règle que la convention libre fait la loi des parties. La liberté des conventions était même encore plus grande que chez nous, puisqu'on ne connaissait pas les clauses que nous appelons contraires à l'ordre public. Mais le code égyptien avait entouré les contrats d'un formalisme très grand. Il ne prévoyait pas ce que nous connaissons sous le nom d'actes sous-seing privé[3]. Il fallait que le scribe, le notaire, qu'on appellera,

1. Diodore de Sicile, liv. Ier, § 94. Cependant, d'après certains historiens, l'Égypte aurait eu un autre législateur, Sasychis. Mais les travaux de ce roi sont enfouis dans le domaine de la légende.

2. On ne sait pas bien exactement si le code en huit livres dont parle Diodore a été fait par Bocchoris, ou s'il comprend le recueil de toutes les lois civiles d'Egypte, même celles postérieures à Bocchoris.

3. Nous possédons cependant trois sous-seings privés. Tous trois sont des

sous la période grecque, le monographe, intervînt toujours. Que l'acte soit d'importance médiocre ou qu'il renferme des clauses du plus haut intérêt, cette intervention est nécessaire pour donner la solennité à l'acte. Il faut aussi des témoins qui, primitivement, recopient le contrat en entier, et qui varient suivant l'importance de l'acte qu'il s'agit de signer.

Le contrat de mariage était un contrat ordinaire. Nous avons eu déjà occasion d'en parler plusieurs fois dans la première partie de notre étude, puisque le mariage et le contrat de mariage sont intimement liés dans la vallée du Nil. Nous allons l'étudier maintenant au point de vue de sa forme et des principales clauses pécuniaires qu'il renferme. Comme nous venons de le dire, les parties ont la plus grande liberté pour rédiger leurs conventions matrimoniales. Comme chez nous, elles sont libres d'insérer dans leur contrat de mariage les clauses qui leur plaisent, et qui leur paraissent les plus avantageuses. La femme, à ce point de vue, jouit des mêmes prérogatives que l'homme. Elle discute librement ses conventions, et nous avons déjà constaté qu'elle abusait de cette liberté au détriment de son futur époux. Le notaire rédigeait le contrat, qui était signé des parties et des témoins instrumentaires. Le nombre de ces témoins varia suivant les époques. Il fut d'abord de sept, puis de seize : c'est que primitivement la femme ne s'assurait pas, comme elle le fit plus tard, une hypothèque sur les biens de son mari ; et que tout acte emportant hypothèque devait être signé de seize témoins.

On rencontre trois périodes bien distinctes dans l'étude du contrat de mariage. Chacune de ces trois époques correspond à un changement législatif. Malheureusement nous n'avons que bien peu de documents, en ce qui concerne la premiere période ; quant à la seconde c'est une époque de transition, une période flottante où le droit n'est pas encore bien fixé, où nous voyons à côté du mariage d'égalité qui tend à disparaitre : le mariage purement pécuniaire, le mariage sémite s'implanter et triompher.

La première époque va depuis Bocchoris jusqu'à Darius Ier et comprend surtout des contrats du temps de Psammétique III et

actes de partage, mais deux sont absolument nuls comme faits en fraude de la loi, et contrairement à des partages déjà terminés ; quant au troisième, ce n'est qu'un partage préparatoire qui devait être suivi d'un acte notarié.

d'Amasis. Ces contrats sont de deux sortes. Dans une première forme la femme se vend complètement à son mari, elle devient sa chose (*bok*)[1] son esclave pour ainsi dire; c'est ce que nous avons appelé d'un terme un peu impropre le mariage servile. Nous avons eu à citer un contrat de ce genre dans la première partie de notre étude[2]. Nous avons eu aussi à remarquer que ce contrat devait être peu pratiqué en Égypte, puisque nous n'en possédons qu'un seul exemple, et que les historiens n'en font pas mention. Une seconde sorte de contrat est le contrat de mariage d'égalité. C'est le vieux mariage hiératique rédigé, selon la loi de Bocchoris, en forme sacramentelle par un acte notarié; nous le retrouverons sous Darius. Il est ainsi conçu : « Je t'ai établie pour femme, t'appartiennent toutes choses dépendant du *faire à toi mari* depuis le jour ci-dessus. Je ne puis y échapper en tout lieu où j'irai, depuis le jour ci-dessus à jamais. » Cette forme de contrat est beaucoup plus succincte, beaucoup moins explicite que celle employée sous les Lagides. C'est l'expression le *faire à toi mari* qui résume les clauses et les conditions du contrat. On s'en rapporte à ce moment aux usages établis pour les conventions matrimoniales. Il ne faut pas songer à rencontrer soit la pension alimentaire, soit la communauté du tiers, comme dans les contrats ptolémaïques. Dans ce mariage, la femme devient la maîtresse des biens de son mari, comme le mari le maître des biens de son épouse. Il y a une communauté d'intérêt entière, complète et qui ne cessera qu'à la dissolution du mariage par la mort de l'un des époux. C'est que le mariage n'est pas encore devenu pour la femme une simple affaire d'argent, l'affection y joue le rôle prépondérant, et les clauses pécuniaires n'en sont que l'accessoire. Ce qui le prouve, c'est la variante que nous rencontrons dans certains contrats où il est dit : « Je t'ai établie pour femme, je t'abandonne le faire à toi mari depuis le jour ci-dessus. Je ne puis y échapper en tout lieu où j'irai depuis le jour ci-dessus à jamais. » Quand on rédigeait de tels contrats, le mariage était encore pur, les idées sémites n'avaient pas fait complètement invasion en Égypte, comme nous allons le voir dans les périodes suivantes.

1. Le mot *bok* signifie non pas chose, mais un terme qui est intraduisible dans notre langue. C'est un terme neutre, qui prouve l'entière dépendance d'une personne vis-à-vis d'une autre.
2. Voir pages 16 et suiv.

Avec le règne de Darius I<sup>er</sup> commence une seconde période. On ne voit cependant pas sous ce prince un changement brusque dû à une réforme législative. Ce qu'on trouve, c'est une période de transition où, à côté des vieux contrats qui subsistent, les actes de mariage par don ou par créance nuptiale font leur apparition. Vente, dation, prêt, telles sont les trois formes qu'empruntent le contrat de mariage égyptien. Qu'on remonte jusqu'à Bocchoris, pour descendre jusqu'à l'époque copte, il faudra toujours ranger les contrats sous l'une de ces trois rubriques. Sous Darius, ces trois formes se rencontrent, et existent à côté l'une de l'autre. Pour la variété cette période est assurément la plus riche de toutes.

Nous n'avons rien à dire du mariage d'égalité tel qu'il existe sous Darius. C'est le même que dans la période précédente dont nous venons de parler.

A côté de ce mariage d'égalité nous trouvons des contrats de mariage par don nuptial et par créance nuptiale.

Le mariage par don nuptial est à peu près le même que le mariage thébain sur lequel nous aurons à revenir longuement tout à l'heure. Quant au mariage par créance nuptiale, il se rapproche au contraire des contrats memphiques. Nous n'avons à la vérité, dans les documents qui nous restent, aucun contrat de mariage par don nuptial proprement dit, datant de cette époque. Nous pouvons cependant affirmer que ce contrat existait, car nous retrouvons un acte que nous aurons occasion de citer tout à l'heure[1], et qui n'est qu'un contrat par don nuptial retourné. C'est la femme qui fait au mari toutes les promesses que celui-ci avait coutume d'insérer dans l'acte matrimonial.

Quant au contrat par créance nuptiale, nous le trouvons sous Darius, comme moyen de légitimer une union précédemment accomplie. Nous en avons un exemple dans les paryrus du Louvre qui appartiennent à une famille de choachytes dont nous possédons les papiers pendant près de sept siècles. Pséésé avait eu des rapports avec une femme nommée Tsenhor, et de ces rapports était née une fille. Pséésé, voulant régulariser sa situation, fait avec Tsenhor un contrat de mariage. Par ce contrat il reconnaît avoir reçu de cette femme une somme, de trois argenteus du temple de Ptah, au moment où ont eu lieu leurs

1. Voir page 50.

premiers rapports. Il promet de lui rendre cette somme, soit à la dissolution du mariage, soit au moment où il la mépriserait en prenant une autre femme. Il lui accorde en outre le tiers de tous ses biens. Dans un second contrat rédigé sur la même feuille de papyrus, il reconnaît comme sa fille et fait son héritière l'enfant qu'il avait eue avant le mariage. Bien entendu, la somme de trois argenteus qu'il est censé avoir reçu de sa femme est une somme purement fictive. C'est un don qu'il fait à son épouse, mais comme le don fixe toujours la date exacte de l'union conjugale et qu'il s'agit ici de faire remonter le mariage à l'époque de la naissance de l'enfant commun, il trouve plus commode de faire ce don sous forme de créance. Le mariage sera censé avoir existé, puisque l'argent est censé avoir été versé au moment des premiers rapports. Ce contrat nous montre bien qu'à l'époque de Darius cette idée, qu'il n'y a pas de mariage sans dot, que sans argent il ne peut être question d'union légitime, que cette idée, disons-nous, commençait à se faire jour dans les mœurs égyptiennes. Le second contrat nous montre à quoi servait le mariage, c'est-à-dire à la reconnaissance de l'enfant. Le premier contrat est intéressant aussi à un autre point de vue ; il nous prouve que la communauté existait à cette époque en Égypte, et que cette communauté était du tiers. Remarquons, en parlant de la communauté sur laquelle nous aurons du reste à revenir, qu'elle n'était pas, comme chez nous, immuable après le mariage. Quelques années après son union avec Tsenhor, Pséésé changeait en effet cette communauté du tiers en une autre de moitié. (Acte de l'an XII du roi Darius Ier.)

Sous Darius nous rencontrons donc, on peut le dire, tous les régimes matrimoniaux. Ce qu'il y a de remarquable, c'est qu'on rencontre ces régimes généralisés, nous voulons dire appliqués dans toute l'Égypte. Ainsi vous voyons à Thèbes des contrats que nous ne trouverons dans la période suivante qu'à Memphis et vice versa. Il y a plus : sous le règne de ce prince nous trouvons un contrat complètement renversé. Comme nous l'avons vu plus haut, et comme nous allons encore le constater, la femme se fait la part belle dans le contrat de mariage. C'est elle qui stipule le don nuptial, qui reçoit une pension alimentaire, qui se réserve le droit de quitter son mari, et de lui imposer une forte amende s'il la méprise ou s'il prend une autre femme.

Dans le contrat que nous allons citer toutes les conventions au contraire sont retournées, c'est le mari qui demande à sa femme tout ce que d'ordinaire il lui accordait. Voici cet acte :

« An III Thot du roi Darius.

« Dit la femme Isis, fille du choachyte du Xent Anachamen, mère d'elle Tahor au choachyte de Xent Haéroou, fils de Péchytès dont la mère est Nifte-sep :

« Tu m'as prise pour femme aujourd'hui. Tu m'as donné un dixième d'argenteus fondu du temple de Pta pour mon don nuptial. Que je te méprise, que j'aime un autre homme en dehors de toi, je te donnerai neuf dixièmes d'argenteus fondu du temple de Ptah ci-dessus que tu m'as donné pour mon don nuptial. Je te céderai aussi le tiers de la totalité des biens qui sont à moi, et que j'acquerrai sans alléguer aucun acte, aucune parole au monde. A écrit Théos fils de Néchorpchrat. »

Ce document nous prouve deux choses importantes, la liberté des conventions, et l'égalité parfaite de l'homme et de la femme, au point de vue du mariage. On peut dire aussi qu'il nous indique qu'à l'époque de Darius le régime des conventions matrimoniales n'était pas encore fixé, que le contrat de mariage, si on peut parler ainsi, cherchait sa voie.

Nous arrivons à l'époque ptolémaïque. Cette période est riche en documents, et c'est par centaines qu'on peut compter les contrats de mariage qui subsistent au Louvre, à Londres ou à Berlin. Avant d'étudier en détail ces documents et les régimes matrimoniaux qui y sont contenus, il est nécessaire de faire une remarque sur la forme des actes. En Égypte tous les contrats sont unilatéraux, du moins quant à la forme. Aussi nous verrons toujours le mari s'adresser à sa femme, et lui reconnaître une dot ou une pension mensuelle. Si la femme apporte quelque chose à son mari, comme un trousseau, des meubles, tout sera censé avoir été donné à l'époux avant le mariage, et il dira dans le contrat : « Tu m'as apporté, et mon cœur en est satisfait, etc. » C'est que les Égyptiens ne pouvaient pas comprendre que deux personnes puissent s'obliger par un seul et même acte. Cette idée se retrouve, du reste, au début du droit romain ou deux personnes ne peuvent pas s'engager par une seule stipulation. Cette remarque une fois faite, abordons l'étude de nos régimes matrimoniaux.

Ces régimes ne sont pas les mêmes dans toute l'Égypte, et on peut diviser les contrats, selon le pays où ils sont passés, en contrats thébains et en contrats memphites. — Le contrat thébain est le contrat par don nuptial. Il renferme six parties dont cinq nécessaires et une facultative [1].

Les cinq parties nécessaires sont : la formule de *prise pour femme* et *d'établissement pour femme ;* la mention du *don nuptial;* la nomination du fils aîné comme κυριος des biens du père ; la clause pénale pour le *cas de mépris* ou de *polygamie;* la *communauté* ou la *pension annuelle* de la femme. La partie facultative consiste dans la description du *trousseau* que la femme est censée avoir apporté à son mari, et dont celui-ci promet de rendre la valeur. Chacune de ces clauses a son importance. Étudions-les en détail :

1. *Prise pour femme et établissement pour femme.*— Nous avons déjà parlé de ces deux choses essentielles dans le contrat de mariage. Nous avons vu quelle était la différence entre la prise pour femme et l'établissement pour femme. Remarquons ici seulement qu'en Égypte le mariage n'était censé avoir existé que lorsqu'il y avait eu établissement pour femme, c'est-à-dire lorsque le mariage avait été réellement consommé, lorsque les rapports physiques avaient eu lieu entre les époux. Une loi de Zénon dont nous avons déjà parlé le prouve formellement.

2. *Don nuptial.* — Le don nuptial est, on peut le dire, la partie la plus essentielle du contrat de mariage. C'est lui qui sanctionne l'union matrimoniale, qui fait, depuis l'invasion des idées sémitiques, d'un mariage libre un mariage légal. C'est lui aussi qui est la cause de toutes les autres clauses du mariage car s'il n'existait pas, ni la pension, ni l'amende en cas d'abandon ne seraient dues. Ce don nuptial n'était pas, comme on pourrait le croire, un don fictif, comme le prix de la vente dans l'ancien mariage servile. C'était un don réel et véritable, dont la femme devenait propriétaire et dont le chiffre variait [2] suivant les fortunes des futurs conjoints. Cependant on peut dire que c'était d'ordinaire deux argenteus qui étaient ainsi assurés à la femme, comme on pourra le voir dans les contrats que nous citons dans les pièces justificatives.

1. Voir aux pièces justificatives, n^os 1, 2 et 3, les contrats thébains que nous citons *in extenso*.
2. Le chiffre du don nuptial ne varie guère que du simple au double, c'est-à-dire de un à deux argenteus.

3. *Nomination du fils comme κυριος.* — Nous avons déjà parlé de la puissance, ou plutôt du mandat légal que possédait le fils égyptien. En tant que fils aîné, il représentait la famille à l'encontre de son pere, à partir d'une certaine époque. Mais pourquoi la femme insérait-elle dans son contrat la clause que son fils aîné deviendrait le κυριος des biens de son mari, puisque, d'après la loi elle-même, ce fils était investi de cette prérogative? C'était pour le cas d'abandon ou de polygamie de la part du mari. Celui-ci aurait pu, au moment de son nouveau mariage, avantager sa seconde épouse; aussi la première faisait insérer dans le contrat une clause par laquelle son fils aîné se trouverait, en cas d'abandon, le κυριος immédiat des biens du mari. Il ne faudrait pas croire cependant que le père se trouvait complètement dépouillé de tous ses biens. Il en perdait simplement la nue-propriété, et en conservait la jouissance, de telle sorte que, se trouvant à l'abri du besoin, il ne pouvait faire cependant aucun acte de disposition sur son patrimoine. Nous voyons quelquefois certains fils intervenir dans un contrat passé par leur père, et adhérer à ce contrat; c'est que, justement, ils étaient devenus κυριος des biens de la famille, et que leur consentement était nécessaire pour en valider l'aliénation.

4. *Clause pénale en cas de mépris ou de polygamie.* — Le peuple égyptien est polygame par ses lois. Non seulement le mari peut avoir plusieurs concubines, mais encore plusieurs épouses légitimes. Craignant une rivale, la première femme a donc soin, dans son contrat de mariage, de s'assurer de la fidélité de son mari au moyen d'une clause pénale. Cette clause porte que, outre le don nuptial, le mari polygame devra donner à sa femme une certaine somme d'argent, souvent fort lourde.

5. *Communauté ou pension annuelle stipulée au profit de la femme.* — La femme égyptienne ne se contentait pas de son don nuptial, il lui fallait encore partager la fortune de celui dont elle devenait la compagne. De là dans les contrats une clause qui se dédouble en quelque sorte ou plutôt une clause alternative pour le mari. Celui-ci doit assurer à sa femme une partie de la communauté ou une pension annuelle. Remarquons d'abord que cette obligation n'est qu'alternative, et que jamais la femme ne cumule les deux bénéfices de la communauté et de la pension annuelle. Là où nous trouvons dans nos contrats une pension soit mensuelle, soit annuelle, nous ne ren-

controns jamais la communauté, et aucune pension n'est stipulée dans le contrat de communauté.

Quand nous parlons de communauté, il faut bien s'entendre et ne pas croire qu'il y avait en Égypte, comme chez nous, un patrimoine commun formé d'un apport des deux époux. La femme conserve toujours ce qu'elle a apporté au moment du mariage, et son mari devra le lui rendre intégralement, nous aurons à le voir tout à l'heure. Puis tout ce qu'acquiert la femme par son travail, par ses revenus, lui reste propre. La communauté ne s'entend donc que des biens appartenant au mari, au jour du mariage, ou qui ont été acquis par lui pendant la vie commune[1]. La part que la femme prend dans cette communauté est ordinairement du tiers. C'est cette stipulation du tiers qui est écrite dans presque tous les contrats thébains. Mais comme nous le savons déjà, les clauses matrimoniales pouvant être modifiées au cours du mariage, on voit souvent un mari, dans un accès de tendresse, changer la communauté du tiers en une autre de moitié. Nous ne trouvons guère la communauté de moitié stipulée par contrat de mariage. A Thèbes, cette communauté est presque toujours du tiers. Dès que le mari a donné ainsi à sa femme le tiers de ses biens présents et à venir, ceux-ci sont presque grevés d'un droit réel; la communauté commence du jour du mariage, et non, comme dans certaines de nos anciennes coutumes, du jour de la dissolution de l'union conjugale. Cest ce que nous révèle un acte de l'an III de Ptolémée, fils de Ptolémée et de Bérénice, dans lequel il est dit:

« Je t'ai prise pour femme, je te donne un argenteus en sekels cinq, un argenteus en tout pour ton don nuptial.

« Je t'établirai pour femme.

« Si je te méprise, si je prends une autre femme que toi, je te donnerai cinq argenteus en sekels quinze, cinq argenteus en tout.

« Que je te donne le tiers de tout bien que j'acquerrai, biens qui seront communs entre toi et moi à partir du jour ci-dessus (c'était le jour du mariage)[2]. » Nous aurons à rechercher plus

1. Voici du reste la clause de nos contrats : « Que je te donne le tiers de tous mes biens présents et de ceux que j'acquerrai. » Pièce justificative n° 3.

2. L'acte que nous citons ci-dessus est curieux à plusieurs points de vue. D'abord il renferme ce que nous ne rencontrons presque jamais, une adhésion du père de l'époux; puis il est signé par un notaire et deux basilicogrammates. Aucun témoin n'est mentionné bien qu'il puisse emporter hypothèque. On serait tenté de croire que, comme chez nous, la présence de plusieurs notaries peut dispenser de certains témoins instrumentaires.

tard quand et comment la femme pouvait exiger de son mari sa part dans la communauté.

Quand les époux n'ont pas stipulé une communauté, le mari assure à sa femme une pension annuelle. Cette pension doit être payée tous les mois. Elle se divise en deux parties, pension en argent et pension en denrées. En ce qui touche la pension en argent, son chiffre est assez fixe à l'époque des Ptolémées; il ne varie guère que du simple au double. Nous avons déjà vu ce résultat à propos du don nuptial. De même que celui-ci consiste en un ou deux argenteus, la pension de la femme varie entre un demi-sekel (deux drachmes) et un sekel par mois. Il est curieux de remarquer combien ce chiffre se rapproche de celui de la solde des militaires, du moins sous la seconde époque lagide du temps de Philométor[1]. La pension alimentaire de la femme consiste en blé et en huile. Le mari s'oblige à lui fournir une certaine quantité de froment et de l'huile de deux sortes, de l'huile fine et de l'huile de kiki. Ici encore on peut comparer les aliments de la femme et ceux des soldats, ce qui nous prouve une fois de plus que le mariage égyptien de la dernière époque avait le caractère d'une véritable location.

La femme pouvait exiger le paiement de sa pension annuelle, comme elle le voulait, soit par mois, soit par an, et surtout dans le lieu où elle le voulait. C'est ce qui résulte de la formule de nos contrats : « Que je te donne cela par mois quelconque, par année quelconque. C'est toi qui prends puissance d'exiger le paiement de ta pension qui sera à ma charge. Que je te donne cela au lieu où tu voudras. » Nous avons eu déjà occasion de remarquer que la femme, en Égypte, était complètement libre de sa personne, que même mariée elle pouvait habiter dans un autre domicile que celui de son conjoint, qu'en un mot le domicile conjugal n'existait pas. Le lieu où doit être fait le paiement de la pension alimentaire nous en offre une nouvelle preuve. Il est dit dans nos contrats que la femme pourra exiger le montant de cette pension dans le *lieu où elle voudra*, ce qui prouve qu'elle n'était pas tenue d'habiter avec son mari. Du reste nous savons, par les historiens, que les affaires de l'épouse étaient, le plus souvent, complètement distinctes de celles de l'époux, que la femme égyptienne avait un commerce ou une industrie dont le

1. Voir papyrus démotique du Louvre, n° 3265.

mari ne s'occupait en rien. Il n'est donc pas étonnant de voir la femme souvent obligée de prendre un appartement séparé de celui de son mari, et de s'y faire payer sa pension. La loi égyptienne ne forçait donc pas la femme à habiter au domicile conjugal. Nous en avons encore un exemple dans le contrat de Petkès où l'épouse du malheureux marchand se réservait le droit de le quitter quand elle voudrait, sans que lui puisse au contraire la répudier. « Je t'ai établie pour femme, je te cède ton droit de femme... Depuis le jour ci-dessus je te reconnaîtrai devant quiconque au monde ; mais je ne puis te dire tu es ma femme, je suis celui qui dit que je suis devenu ton mari. Je ne puis m'opposer à toi en tout lieu où tu iras depuis le moment ou je suis devenu ton mari. »

De telles conditions n'étaient certainement pas prohibées par la loi, puisque nous les rencontrons dans bon nombre d'autres contrats.

Nous venons d'examiner les clauses principales, les conditions nécessaires du contrat de mariage, nous arrivons maintenant à une clause qui n'est qu'accessoire, et que nous rencontrons seulement dans quelques contrats, c'est la description des biens qui sont apportés par la femme à son mari[1]. Il ne faudrait pas croire qu'il s'agit ici d'une dot; il y a simplement un trousseau, mais qui, en vertu du principe de supériorité de la femme, devient une véritable charge pour le mari. La femme a apporté pour son usage personnel certains objets de toilette ou certains meubles. Elle en fait un état détaillé et estimatif dans son contrat de mariage, et le mari promet de lui en rendre la valeur à la cessation de la vie commune. Nous disions qu'il y avait là une charge pour le mari, c'est que celui-ci ne promet pas seulement de rendre à la dissolution du mariage les meubles apportés par la femme, mais le prix de ces biens : « J'ai reçu ces objets de ta main, dit-il, ils sont au complet sans aucun reliquat ; mon cœur en est satisfait. Si tu restes à l'intérieur, tu restes avec eux, si tu t'en vas dehors, tu t'en vas avec eux; je t'établirai pour femme, mais si tu veux aller dehors je te donnerai tes biens de femme énumérés ci-dessus, *mais en argent*, comme il est écrit ci-dessus. Je ne pourrai t'imposer le serment au sujet de ces objets mobiliers, en disant que tu ne les as pas apportés dans ma maison

1. Voir pièce justificative n° 2.

avec toi. C'est toi qui prends puissance sur moi pour m'obliger à ces choses. »

Que des objets aient complètement disparu par la faute de la femme ou par celle du mari, ce dernier se trouve toujours dans la même situation ; il est obligé de rendre le prix. On croirait qu'une disposition, qui a passé dans certaines lois, existe en Egypte, et que l'*estimation vaut vente*. Tous les meubles formant le trousseau de la femme sont estimés dans le contrat et se trouveraient-ils en nature lors de la cessation de l'union conjugale, c'est le prix que le mari devrait rendre.

Telle est la forme des contrats thébains à l'époque ptolémaïque. Nous allons voir qu'ils diffèrent profondément, malgré quelques ressemblances, des contrats memphites de la même période.

Le contrat memphite peut être appelé contrat de créance nuptiale. Il se divise en cinq parties que nous allons analyser [1].

1. *Formule de prise pour femme*. A Memphis, comme à Thèbes, nous trouvons la prise pour femme qui, du reste, est la clause fondamentale du mariage, qu'on peut comparer au consentement que donnent, chez nous, les époux devant l'officier de l'état civil. Pas de mariage sans prise pour femme, le concubinat seul aurait pu exister sans cette formule.

2. *Dot censée apportée par la femme au mari, ou créance nuptiale*. — Cette seconde partie est la caractéristique du mariage memphite, c'est elle qui le distingue du mariage thébain. A Thèbes, nous l'avons vu, le mari fait à sa femme un don nuptial, il lui donne une certaine somme pour qu'elle devienne son épouse. A Memphis il n'en est pas de même, c'est la femme qui est censée avoir apporté une dot au mari. Nous disons censée, car jamais en réalité la femme ne verse cette dot. Cet apport prétendu n'est autre chose qu'une libéralité faite par le futur époux à la jeune fille, c'est ce qui remplace le don nuptial des Thébains. Mais pourquoi prendre cette forme détournée, pourquoi ne pas faire franchement à la femme une donation ? C'est que les garanties sont plus nombreuses, au cas de créance nuptiale qu'au cas de donation. Supposons qu'un homme promette à sa fiancée deux argenteus, que le mariage soit conclu et que, quelques jours après l'union conjugale, le mari vienne à

1. Voir aux pièces justificatives, nos 5 et 6, les contrats memphites que nous citons *in extenso*.

être ruiné presque complètement, la femme ne sera que créancière de la dot, qui n'aura pas encore été versée, et elle viendra seulement par contribution avec les autres créanciers. Dans le cas de créance nuptiale, au contraire, si le mari reconnait avoir reçu une certaine somme qu'il s'oblige à rendre, comme dans nos contrats de mariage memphites, la femme aura une hypothèque générale qui lui permettra de primer les créanciers non hypothécaires de son époux.

3. *Etablissement pour femme.* — A Memphis, comme à Thèbes, nous rencontrons la promesse d'établissement pour femme : « Je t'établirai pour femme et, à partir du jour ci-dessus, c'est toi qui t'en iras de toi-même. Je te donnerai les 750 argenteus stipulés ci-dessus dans le délai de 30 jours, ou quand je t'établirai comme femme ou quand tu t'en iras de toi-même. » Comme on le voit, la clause d'établissement pour femme est suivie de celle de divorce. La femme, à Memphis, ne s'assure pas, comme à Thèbes, d'une amende dans le cas d'abandon de la part de son mari, elle se contente de stipuler qu'elle pourra s'en aller à son gré, et que dans ce cas son époux sera obligé de lui rendre la dot fictive qu'elle a apportée. Dans un contrat que nous avons cité plus haut, dans le contrat de Petkès, nous trouvons une femme thébaine qui, elle aussi, se réserve le droit de quitter son mari quand elle le voudra. Il ne faudrait pas confondre cet acte avec les contrats memphites. Dans ces derniers le divorce est prévu, mais il n'est pas désiré, c'est simplement une garantie que prend la femme contre les nouvelles amours de son mari. Le contrat de Petkès, au contraire, nous l'avons vu, n'est autre chose qu'une affaire d'argent, et c'est seulement pour mieux s'approprier la fortune du malheureux commerçant que les parents de la jeune fille séduite le forcent au mariage. Il faut remarquer que quand une femme égyptienne se réserve le droit de « *s'en aller d'elle-même* » de quitter son mari, ce droit est corrélatif à l'apport ou au soi-disant apport qu'elle fait à celui-ci. Ce n'est pas, en effet, seulement la femme memphite qui dit dans son acte matrimonial qu'elle pourra rompre à sa guise l'union conjugale, c'est aussi la femme thébaine lorsqu'elle apporte un trousseau ou une dot quelconque. Ceci indiquerait peut-être que les trousseaux, dont nous parlent nos actes thébains, ne sont pas autre chose que des corbeilles de mariage, offertes par les époux à leurs fiancées.

C'est dans les trente jours après l'établissement pour femme, ou après le divorce, que le mari doit rendre à celle-ci ce qu'elle est censée lui avoir apporté. Le terme est ici alternatif au gré de la femme. Il peut se faire que durant tout le mariage, la femme n'ait aucunement besoin du montant de sa créance nuptiale; elle le laissera donc entre les mains du mari, mais au moment de la dissolution de l'union conjugale, elle exigera son paiement, avec les intérêts, qui auront le plus souvent doublé la somme promise. Une hypothèque générale grève de ce chef les biens du mari; nous expliquerons tout à l'heure ce point en détail.

4. *Pension alimentaire.* — Comme les Thébains, les Memphites accordent à leur femme une pension alimentaire. Cette pension est double dans les contrats de la Basse, comme dans ceux de la Haute-Égypte ; il y a toujours une somme en argent et des denrées alimentaires. Ces denrées consistent, comme dans les actes que nous avons expliqués plus haut, en blé et en huile, les chiffres sont assez semblables, il n'y a donc aucune différence particulière à signaler. Il n'en est pas de même pour l'argent : tandis qu'à Thèbes, nous ne trouvons que dans un seul contrat la désignation de l'usage auquel cet argent doit être employé, à Memphis, tous nos actes portent que l'argent sera destiné, partie à l'argent de poche et partie à l'argent de toilette. Ce dernier est considérable, il est de beaucoup supérieur à celui du contrat thébain de Patma qui, lui aussi, fournit à son épouse les frais de sa parure. Les Memphites, paraît-il, étaient beaucoup plus coquettes que les Thébaines, et la femme de Théos recevait 6,000 drachmes de cuivre pour sa seule toilette, tandis que celle de Pétésé n'en recevait que 5,700 pour son entretien et son argent de poche. Remarquons aussi qu'à Memphis les sommes destinées à la toilette étaient de beaucoup supérieures à celles de l'argent de poche.

5. *Défense de paiement de la main à la main.* — Le mari, en droit égyptien, s'abandonnait pour ainsi dire complètement à sa femme; celle-ci prenait contre lui les plus grandes précautions. Aussi dans nos contrats memphites on rencontre, comme dernière clause, une défense de payement de la créance nuptiale de la main à la main. Le mari doit exiger de sa femme un reçu authentique, et s'il venait à payer sans l'accomplissement de cette formalité, il s'exposerait pour l'avenir à des poursuites de

la part de sa femme ou des héritiers de celle-ci, dans le but d'arriver à un second paiement. Un mode de preuve fort employé devant les tribunaux égyptiens était le serment, on peut même dire que c'était la preuve dominant toutes les autres, et qu'on exigeait presque toujours du débiteur. Eh bien, le mari s'interdisait de se servir de cette preuve, de ce moyen de défense ; il lui fallait absolument rapporter une quittance notariée prouvant qu'il avait réellement versé la somme due.

Comme on le voit, à côté de nombreuses ressemblances (pension alimentaire, prise et établissement pour femme, etc.), il existait une différence profonde entre les contrats memphites et les contrats thébains. Tandis que ceux-ci se faisaient par un don nuptial, ceux-là se réalisaient au moyen d'une créance au profit de la femme. Cette créance était garantie par une hypothèque générale sur les biens du mari. En effet, la créance nuptiale était, au point de vue juridique, assimilée à une créance ordinaire, emportant hypothèque lorsqu'elle avait été rédigée par acte notarié et signée de seize témoins. La femme thébaine n'a pas, comme la femme memphite, hypothèque sur les biens de son mari. Un seul contrat de mariage de Thèbes prévoit cette hypothèque, mais encore est-ce dans une circonstance particulière, dans un acte où le mari veut arriver à la liquidation de ses biens, pour les donner de suite à sa femme.

L'hypothèque de la femme mariée était-elle, comme à Rome et comme dans notre code civil, une hypothèque légale ? Nous ne pouvons répondre en ce moment à cette question [1] qui, du reste, nous éloignerait singulièrement de notre sujet ; nous ferons simplement remarquer que, dans tous les cas, cette hypothèque n'était pas tacite, puisque nous la trouvons mentionnée dans tous nos contrats. Retenons seulement que l'hypothèque de la femme n'existe que dans les contrats où la femme est censée avoir apporté quelque chose à son mari, où la femme est devenue créancière de son époux.

En parcourant les contrats memphites, on ne rencontre nulle trace d'une clause toujours insérée dans les contrats thébains, c'est la clause nommant le fils aîné κυρίος. Pourquoi cette différence ? Le fils aîné n'aurait-il pas été dans toute l'Égypte le

1. La question de l'hypothèque légale chez les Égyptiens n'est pas encore bien élucidée. Nous espérons pouvoir donner d'ici quelque temps un travail sur ce sujet.

représentant légal de la famille? Assurément si, le fils aîné a partout la même capacité, il joue dans toutes les parties de l'Égypte son rôle de κυρίος. Mais à Memphis il était inutile de nommer d'avance les enfants comme maîtres des biens de leurs parents. En effet, nous savons que le mariage avait justement pour but de placer les enfants sous la présomption *pater is est*. Donc tant que durait le mariage, c'est-à-dire tant que la pension alimentaire était payée à la femme, les enfants étaient réputés conçus des œuvres du mari et héritaient nécessairement de lui. Il n'en était pas de même, lorsque les enfants étaient nés avant le mariage ; c'est pourquoi (comme nous allons le voir en étudiant une dernière variété d'actes matrimoniaux) on les trouve toujours nommés dans les contrats légitimant l'union antérieure de leurs parents.

On trouve en effet à Memphis [1], à côté des contrats que nous venons d'examiner, un acte matrimonial qui est, lui aussi, rédigé sous forme de prêt. Ici le mariage n'est pas spécifié au début même de l'acte, et l'établissement pour femme n'est pas promis, mais déjà effectué. Nous avons déjà rencontré ce genre de contrat sous Darius, nous avons vu qu'il n'était autre chose que la légitimation d'une union antérieure devant donner aux enfants une possession d'état certaine. Nous avons montré que, dans ce genre de contrats, le mari était censé avoir reçu de sa femme, au moment de leurs premiers rapports, une certaine somme qu'il promettait de lui rendre avec une forte amende s'il la méprisait ou s'il prenait une autre femme. Dans ces actes, bien entendu, on parle des enfants nés du mariage soit-disant accompli depuis longtemps, et on déclare qu'ils seront les maîtres des biens du père.

Ce genre d'actes se rapproche à la fois des mariages thébains et des mariages memphites : comme les premiers, il donne à la femme une communauté dans les biens du mari et nomme formellement le fils aîné κυρίος ; comme le second il reconnaît à la femme une créance nuptiale [2], un sanch, protégée par une hypothèque générale.

C'est à la dissolution du mariage ou au moment du divorce que la femme réclame d'ordinaire à son mari le montant de sa

1. Nous en trouvons aussi un exemple à Thèbes. Voir pièce justificative n° 3.
2. C'est même à ce propos seulement que nous trouvons l'expression *sanch* (signifiant créance, d'une façon générale) employée dans les conventions.

créance. Mais il n'en est pas toujours ainsi, surtout dans la dernière classe de contrats dont nous venons de parler, dans les contrats de sanch. Quand le mari avait des créanciers, on fixait un terme très court pour le paiement du sanch, puis ce terme arrivé, les intérêts courant de plein droit, on attendait trois ans, époque à laquelle la somme étant doublée, la femme réalisait son hypothèque, et se payait ainsi au détriment des créanciers de son conjoint.

Quand il y avait communauté entre le mari et la femme, celle-ci à la mort de son mari pouvait, pendant un an, garder complètement la succession. Au bout de ce temps, elle rendait compte aux héritiers de son époux, et prêtait serment qu'elle n'avait rien détourné des objets de la succession. Ce serment ne doit pas être confondu avec un autre, dont le mari pouvait dispenser la femme par une clause de son contrat matrimonial, et qui concernait l'apport réel des biens dotaux qu'elle pouvait réclamer. Autrement, d'après les règles ordinaires des dettes, les héritiers du mari auraient pu se couvrir contre elle par l'exception *non numeratæ pecuniæ*, exception qu'elle n'aurait pu repousser que par un serment. Comme on le voit, à l'époque lagide, la femme avait su se faire une large place dans la famille égyptienne. Soit à Thèbes, soit à Memphis, on peut dire qu'elle s'assurait la plus grande partie de la fortune de son mari. Aussi aurait-on vu en peu de temps toutes les richesses de la vallée du Nil entre les mains des femmes, si elles avaient pu conserver toujours ce qu'elles acquéraient par le mariage. Heureusement, plusieurs institutions venaient corriger ce qu'un tel système avait d'abusif. D'abord, si la femme a des enfants, c'est pour eux qu'elle amasse tous ces biens. Elle leur transmet, le plus souvent, son patrimoine avant sa mort; nous avons eu occasion de le constater. Si au contraire elle meurt sans postérité, les biens qui lui viennent de son mari ne passent pas à sa famille, ils retournent aux héritiers de son époux et particulièrement à ses neveux et nièces. Nous voyons même certaines femmes donner avant leur mort les biens qui leur étaient advenus de leur conjoint aux neveux de celui-ci. Cette donation est faite sauf réserve de jouissance, c'est-à-dire par un simple écrit pour argent sans écrit de cession.

Telle était la législation de l'Égypte sur la condition juridique de la femme. Nous avons montré, nous l'espérons du moins, combien cette condition était meilleure, plus élevée que celle de la femme chez les autres peuples de l'antiquité. On peut dire qu'au point de vue qui forme l'étude que nous venons de faire, la civilisation égyptienne n'a rien à envier à celle des nations modernes, et que les femmes d'aujourd'hui qui réclament le plus vivement ce qu'elles appellent *leurs droits*, se contenteraient sans doute de la position des habitantes de la vallée du Nil.

# CONCLUSION

Nous venons de voir quelle a été la condition juridique de la femme dans l'ancienne Égypte. Nous avons parcouru successivement les différentes phases de la vie juridique dans la vallée du Nil, depuis les temps les plus reculés jusqu'à la conquête romaine.

Qu'est devenue cette législation dont nous avons bien des fois constaté la perfection au cours de cet ouvrage? a-t-elle disparu avec la conquête, ou a-t-elle résisté aux envahissements des vainqueurs du monde? Elle est restée debout, tous les monuments l'attestent, elle a existé pendant plus de deux siècles, sous la domination romaine elle-même. Du reste, le peuple romain avait l'habitude de n'imposer aux pays conquis que ses lois politiques. Il laissait aux nations envahies leurs institutions et leur droit, ne s'assurant que de l'obéissance passive de tous, au point de vue militaire et fiscal. L'Égypte conserva donc ses lois, et la condition juridique de la femme ne changea pas, lorsqu'Octave planta définitivement l'aigle romaine sur la vieille terre des Pharaons. La femme resta l'égale de l'homme, elle n'eut besoin (en dehors du mariage), d'aucun consentement pour acquérir ou pour contracter; elle resta soumise, après son mariage, à l'autorisation maritale, telle qu'elle était exigée par le πρόσταγμα de Philopator. Nous retrouvons, sous la domination romaine, les mêmes actes, les mêmes contrats de mariage que sous les Ptolémées. Rien ne vient nous montrer une restriction quelconque à sa capacité, rien ne vient rappeler le tuteur perpétuel, ou les prohibitions du sénatus-consulte Velléien.

Il faut ajouter que la cité romaine n'était pas accordée d'emblée aux Égyptiens, ils devaient passer par la cité alexandrine, état intermédiaire entre celui de citoyen romain et de pérégrin.

Or, dans la cité alexandrine, on suivait non pas les lois romaines, mais les anciennes traditions du pays, c'est-à-dire les lois égyptiennes ou grecques. Il en est ainsi jusqu'au règne d'Antonin Caracalla, qui impose la cité romaine à tous les habitants de l'empire et les assujettit, par le fait même, aux lois de Rome. Mais, comme les coutumes locales sont plus fortes bien souvent que les prescriptions impériales, les lois égyptiennes subsisterent malgré tout. Les efforts des empereurs, les édits réitérés ne parvinrent même pas à les abattre, et, lorsque les Arabes firent la conquête de l'Égypte, ils y trouvèrent les anciennes lois, qui, passées à l'état de coutume, restaient debout florissantes et seules employées. La loi romaine ne devait triompher que sur un seul point, l'hérédité testamentaire. Avant la conquête en effet, nous ne trouvons aucun testament, les droits de copropriété de la famille subsistent jusqu'après les dernières dynasties grecques, et l'on voit même bien peu souvent fonctionner le jeu de l'adoption testamentaire. A la période copte, au contraire, le testament est fréquent; le cartulaire de Djème nous offre un grand nombre d'actes de ce genre[1]. Mais ici encore, chose remarquable, si le droit romain a triomphé en partie du droit égyptien, s'il lui a imposé le testament, celui-ci a pris sa revanche, en imposant au droit romain ses formes et sa procédure. Ce n'est pas en effet, dans la forme romaine que sont rédigés les testaments dont nous parlons. C'est dans la vieille forme des actes égyptiens. Ils sont écrits par un notaire ou par le testateur lui-même, et signés des témoins ordinaires, imposés par le droit des Pharaons ou des Lagides. Les femmes elles-mêmes, contrairement à ce qui avait lieu à Rome, peuvent tester sans l'assistance d'aucun tuteur ou d'aucun κυρίος, ce qui prouve qu'elles ont conservé intacte leur ancienne capacité. Ce qui nous prouve bien plus encore que rien n'est venu restreindre leurs anciens droits, c'est un papyrus encore inédit de Vienne, appartenant au fonds du Faium, et dont nous devons la communication à l'obligeance de M. K. Wessely. Dans ce papyrus, une femme prend des garanties pour la restitution de sa dot, et elle dit qu'elle traite son affaire selon le droit romain, dans l'intérêt de ses enfants (χρηματίζουσα κατὰ Ρ[ωμαίων] ἔθη τέκνων δικαίῳ)[2].

1. Citons parmi les testaments principaux contenus dans ce cartulaire ceux de Paham et d'Anna dont nous donnerons bientôt le commentaire juridique.
2. Le papyrus dont nous venons de citer un fragment est un acte par lequel

Or ce document est du IIIe siècle après Jésus-Christ; il appartient au règne d'Alexandre-Sévère, le successeur immédiat de Caracalla; d'où il résulte clairement que, même après le fameux édit, accordant la cité romaine à tous les peuples de l'univers, la loi nationale était encore applicable en Égypte, puisqu'il faut prendre la peine d'insérer dans les actes la clause qu'on les fait selon le droit romain.

Les contrats de mariage de l'époque copte nous offrent encore un exemple remarquable de la persistance des lois égyptiennes, et de leur victoire sur le droit romain. Nous y trouvons presque toujours la pension alimentaire appelée *rompe en ouôm* (année de nourriture), et le don nuptial ou *schaat*. Les empereurs romains avaient cependant interdit la stipulation de telles pensions ; Gordien, écrivait en l'an 241 : « Sicut cessat petitio quantitatis quam de suo maritus uxori in menses singulos vel annos, proprii usus ejus gratia promittit : ita ex ea causa nummi soluti erogatique non dari repetitionem manifestum est[1]. » Malgré des défenses aussi formelles, les Égyptiens n'en continuaient pas moins d'obéir à leurs lois, ou plutôt à leurs coutumes. Leurs vainqueurs avaient bien essayé de lutter, mais peine perdue. Les tribunaux romains refusant d'appliquer les dispositions de la loi égyptienne, on prenait un détour, et par une clause du contrat on se défendait sous une peine sévère d'en référer à la justice. C'est ainsi que nous trouvons dans un contrat du VIIIe siècle le point suivant :

« Je ne puis entrer en dispute avec vous soit dans le tribunal, soit en dehors du tribunal, soit dans la ville, soit dans le nome, soit dans aucune assemblée de la ville, soit *devant la justice impériale*, en vertu d'aucune *prescription*, d'aucun acte des *puissances*, ou d'aucune *ordonnance* en aucune manière.... Si moi ou aucun de mes fils ou héritiers ose, en aucun temps, disputer avec vous pour aucune des choses qui sont comprises dans celles que j'ai mentionnées précédemment, ou pour aucun objet précieux ou infime, s'agirait-il d'un petit tesson de poterie ou d'un cordon de sandale, que d'abord le réclamant ne profite en rien

une femme s'assure des garanties pour la restitution de sa dot. Il commence par une énumération des biens que la femme a apportés à son mari et se termine par des garanties promises par l'époux. Malheureusement ce document est fort endommagé. Le savant helléniste, M. Wessely, l'a reconstitué, mais seulement en partie. Il doit le publier sous peu.

1. Code de Justinien, livre V, titre XVI, loi 11.

de sa réclamation, mais que, selon la disposition antérieure, il soit étranger au Père, au Fils et au Saint-Esprit, et qu'ensuite, en raison d'amende, il donne douze holocots d'or pur[1]. »

Du reste plus d'une fois les empereurs romains finirent par céder et nous voyons des rescrits ou des lois impériales, qui ne font que consacrer d'anciennes coutumes de l'Égypte[2].

Ce n'est pas seulement à l'époque romaine, c'est encore sous la domination des Arabes qu'on voit se perpétuer les lois égyptiennes. Fidèle à ses vieilles traditions, le peuple de la vallée du Nil a toujours conservé pour la femme une plus grande considération, il lui a toujours donné une capacité juridique plus élevée que les autres peuples ses voisins.

La commission française qui a parcouru l'Égyte au commencement de ce siècle a encore retrouvé des coutumes qui ne sont autre chose que les lois dont nous avons constaté ici même mainte et mainte fois l'existence.

1. Voir *Revue égyptologique* première année nos 2 et 3, page 107.
2. Les lois égyptiennes restèrent si profondément ancrées dans le pays que M. E. Révillout a pu consacrer tout son cours de l'année 1884-1885 et doit consacrer une partie de celui de l'année 1885-1886 à démontrer que les usages coptes n'étaient souvent autres que les vieilles lois de l'Egypte.

# PIÈCES JUSTIFICATIVES

## N° 1.

**Contrat de mariage thébain.**

L'an XXXIII, choiak, du roi Ptolemée fils de Ptolemée le Dieu, Aetos, fils d'Apollonius, étant prêtre d'Alexandre et des dieux frères, Démétria, fille de Dionysios, étant canéphore devant Arsinoë Philiadelphe. Le pastophore d'Amon Api de l'occident de Thèbes, Patma, fils de Pchelchons, dont la mère est Tanetem dit : je t'ai prise pour femme : je t'ai donné un argenteus, en sekels cinq, un argenteus en tout, pour tout ton don nuptial de femme : que je te donne 6 chenices de blé, leur moitié 3, 6 chenices en tout, par jour, plus 3 chous d'huile par mois, 6 par double mois, ou 36 par an; plus un argenteus et 2/10, en sekels 6, un argenteus 2/10 en tout, pour la toilette d'une année; plus un 1/10 d'argenteus, en sekels 1/2, en argenteus 1/10 en tout pour ton argent de poche par mois, ce qui fait un argenteus et 2/10, en sekels 6, un argenteus et 2/10 en tout, pour ton argent de poche d'une année. Que ton argent de poche soit en dehors de ton argent de toilette chaque année. Que je te donne cela chaque année. C'est à toi qu'il appartient d'exiger le paiement de ton argent de toilette, et de ton argent de poche, qui doit être à ma charge. Que je te donne cela.

Mon fils aîné, ton fils aîné sera le maître (κυρίος) de tous mes biens présents et à venir.

Je t'établirai comme femme. Que je te méprise, que je prenne une autre femme que toi, je te donnerai 20 argenteus, en sekels 100, 20 argenteus en tout.

La totalité de mes biens présents et à venir est en garantie (hypothécaire) de toutes les paroles ci-dessus, jusqu'à ce que je les accomplisse. Je n'ai point à alléguer un acte quelconque, une pièce quelconque avec toi (contre toi). Les écrits que m'a faits la femme Tahet, fille de Téos, ma mère, sur la totalité des biens quelconques appartenant à Pchelchons, fils de Panas, mon père, et au sujet desquels elle m'a écrit, et le reste des écrits qui viennent d'elle et sont dans ma main, tous ces écrits, dis-je, t'appartiennent, ainsi que le droit en résultant et tout ce dont j'aurai à justifier de leur nom. Le fils ou la fille de moi qui viendrait l'inquiéter à cette cause aurait à te donner 20 argenteus, en sekels 100, 20 argenteus en tout, en te les abandonnant de plus, sans aucune opposition.

## N° 2.

**Contrat de mariage thébain avec apport de trousseau par la femme.**

L'an II, le 28 thot, du roi Ptolemée fils de Ptolemée et de Cléopâtre les dieux Epiphanes [1]. . . . . . . . . . .

. . . . . . . . . . . . . . . . . . . . . . . . .

Je t'ai prise pour femme [2]. . . . . . . . . . . .

Mon fils aîné, ton fils aîné sera le maître de tous mes biens présents et à venir,

Je t'établirai pour femme. Si je te méprise, etc...

. . . . . . . . . . . . . . . . . . . . . . . . .

Description de tes biens de femme, que tu as apportés à ma maison avec toi.

1° Un habillement (mench), estimé 50 argenteus (de cuivre);

2° Un autre habillement (mench), estimé 50 argenteus (de cuivre);

3° Un vêtement (teb), 50 argenteus (de cuivre);

4° Un collier (rer), 50 argenteus (de cuivre);

5° Un ten ut'a (porte-bonheur) d'or fin, 40 argenteus (de cuivre);

6° Un anneau et un cachet à double face, 25 argenteus (de cuivre);

7° Un xepès (objet inconnu), 35 argenteus (de cuivre) : — ce qui complète 300 argenteus (de cuivre), en sekels (de cuivre), 1500, 300 argenteus en tout, en airain, dont l'équivalence est de 24 pour 2/10 (d'argenteus d'argent) somme qui est le prix de tes objets mobiliers de femme que tu as apportés à ma maison avec toi. J'ai reçu ces objets de ta main, ils sont au complet sans aucun reliquat, mon cœur en est satisfait; si tu restes à l'intérieur, tu restes avec eux; si tu t'en vas dehors tu t'en vas avec eux. Je t'établirai comme femme, mais si tu veux aller dehors... je te donnerai tes biens de femme énumérés ci-dessus, mais en argent comme il est écrit ci-dessus. Je ne pourrai t'imposer le serment, au sujet de ces objets mobiliers, en disant que tu ne les as pas apportés à ma maison, avec toi. C'est toi qui prends puissance sur moi, pour m'obliger à ces choses.

1. Nous passons ici le reste du protocole et les noms des parties.
2. Ici mention du don nuptial, de la pension alimentaire, etc.

## N° 3.

**Contrat de mariage thébain légitimant une union précédemment accomplie.**

L'an III, au mois de Thot, du roi Ptolémée fils de Ptolémée et Bérénice, les dieux Evergètes, Démétrios fils d'Apellès étant prêtre d'Alexandre et des dieux frères et des dieux Evergètes, Me... pias, fille de Menapion, étant canéphore devant Arsinoë.

Le fabricant d'étoffes de byssus de la fabrique d'Amon, Imouth, fils de Hor, dont la mère est Taoukès, dit à la femme Tset... fille de Pséamen, dont la mère est Tsetosor : Je t'ai prise pour femme : Je te donne un argenteus, en sekels 5, un argenteus *iterum* pour ton don nuptial. Je t'établirai pour femme. Que je te méprise, que je prenne une autre femme que toi, je te donnerai 5 argenteus, en sekels 25, 5 argenteus *iterum*. Que je te donne le tiers de tout bien que j'acquerrai (biens qui seront communs) entre toi et moi, à partir du moment ci-dessus : Mon fils aîné, ton fils aîné, parmi les enfants que tu as engendrés antérieurement, et les enfants que tu m'engendreras, seront les maîtres de tous les biens que je possède et posséderai à l'avenir, en dehors du tissage d'étoffes de byssus d'Amon.

*Adhésion.*

« Hor, fils de Paba, dont la mère est Tséchons, son père, dit :

« Reçois cet écrit de la main du tisseur d'étoffes de byssus de la fabrique d'Amon, Imouth, fils de Hor, dont la mère est Taoukès, mon fils ci-dessus (nommé), pour qu'il soit fait selon toutes les paroles ci-dessus : Mon cœur en est satisfait, sans avoir à alléguer aucune pièce, aucune parole au monde avec toi.

*Souscriptions de notaires.*

A écrit l'écrivain Psechons, fils de Hor-hotep, qui écrit au nom des prêtres des cinq classes d'Amon, des dieux frères, des dieux évergètes, et des dieux philopators.

A écrit Pséchons, fils de Hor-nofré, le commis de Hor-hotep fils de Psemin, l'écrivain du roi (Basilicogrammate).

A écrit.... fils d'Héreius, le commis de Hor-uta, fils de Téos, l'écrivain du roi.

## N° 4.

**Contrat de mariage avec abandon complet de tous les biens du mari.**

L'an XVII, phaménoth, du roi Ptolémée, fils de Ptolémée et d'Arsinoë, les dieux frères, Mennas, fils de Ménétios, étant prêtre d'Alexandre et des dieux frères et des dieux évergètes, Bérenice, fille de Adeus, étant canéphore devant Arsinoë philadelphe.

Le marchand Panofré, surnommé Petkès, fils de Ki, dont la mère est Tset-amen, dit à la femme Tanofré, fille d'Amenhotep dont la mère est Tahet :

*Je t'ai établie pour femme* : Je t'abandonne ton droit d'épouse. Je n'ai aucune parole au monde (aucune objection) à te faire au nom de ton droit d'épouse, depuis le jour ci-dessus. Je te reconnaîtrai devant quiconque au monde. Mais je ne puis te dire : Tu es ma femme : Je suis celui qui te dit que je suis devenu ton mari[1]. Je ne puis m'opposer à toi en tout lieu où tu iras à partir du jour où je suis devenu ton mari. Je te cède Thrinéferrex, la fille de Hélou, Kerou, le fils du laboureur Bal, Petémestus, le frère de Pma, les enfants de Pateb, lesquels sont tous dans les lieux de tes demeures, dans la demeure de Thot.... Ils sont tes hommes depuis le moment ci-dessus. Personne au monde ne peut les écarter de toi à partir de ce jour. Je ne puis moi-même écarter aucun d'eux. Je ne puis emmener aucun de ces hommes hors de tes lieux (d'habitation), depuis le moment ci-dessus. Je ne puis empêcher aucune aliénation faite par toi ou t'enlever aucun homme t'appartenant, à partir du jour ci-dessus. Tout écrit qui est établi en ma faveur que j'ai fait à quiconque au monde ou dont j'ai fait la rédaction à quiconque (tout écrit de ce genre, dis-je) sera (maintenant) parmi tes écrits (à ta disposition), ainsi qu'à (celle de) ton père, et (de) tes gens agissant en ton nom (mot à mot : en ta main). Tu m'obligeras au droit de l'écrit nommé pour que j'agisse en conformité. Cela est à ma charge (établi sur moi), et je suis venu pour faire alié-

1. Je ne puis réclamer mes droits de mari.

nation. Si un homme me solde à moi-même un paiement (?) quelconque au monde t'appartenant, je te donnerai 20 argenteus, en sekels 100, 20 argenteus *iterum*, et de plus je t'abandonnerai ces choses (les objets payés indûment à Petkès), de force, sans délai, sans opposition.

## N° 5.

**Contrat de mariage memphite.**

L'an XL paophi, des rois Ptolémée et Cléopâtre sa femme, les dieux Evergètes, sous le prêtre d'Alexandre et des dieux sauveurs et des dieux frères et des dieux évergètes et des dieux philopators et des dieux épiphanes, et du dieu Eupator et du dieu Philométor et des dieux Evergètes (et de la déesse) Aeropole, grande Zzis bienfaisante (Evergète) mère divine, et sous l'athlophore devant Bérenice Evergète et la Canéphore d'Arsinoë philadelphe et la prêtresse d'Arsinoë philopator qui sont à Racoti (Alexandrie).

L'archentaphiaste Petkès, fils de Chonouphis dit à la femme Ntoua fille de l'archentaphiaste Teos dont la mère est Tetimouth.

Je t'ai prise pour femme, tu m'as donné et mon cœur en est satisfait, 750 argenteus, en sekels 3750, en argenteus 750, ce qui fait deux kerker (talents), plus 150 argenteus, en airain dont l'équivalence est de 24 pour 2/10 (d'argenteus d'argent) (c'est-à-dire 15000 drachmes de cuivre ou 2 talents de cuivre, plus 3000 drachmes). Je les ai reçus de ta main, mon cœur en est satisfait : ils sont au complet sans aucun reliquat :

Je t'établirai pour femme et à partir du jour ci-dessus c'est toi qui t'en iras seule (de toi-même). Je te donnerai les 750 argenteus ci-dessus dans le délai de 30 jours (mot à mot : un jour dans les 30 jours) quand je t'établirai pour femme, ou bien quand tu t'en iras de toi-même (mot à mot : au temps d'établir pour femme que je ferai, au temps de t'en aller seule de toi-même que tu feras) si je ne te donne pas les 750 argenteus ci-dessus dans les 30 jours ci-dessus.

Je te donnerai aussi 4 chénices d'olyre par jour (un Xous d'huile de Tekem ou kiki) et un xous d'huile fine par mois, plus 7 argenteus et 5/10 en sekels 37 demi, 7 argenteus et 5/10 en tout, en airain dont l'équivalence est de 24 argenteus d'airain pour 2/10 (d'argenteus d'argent) (c'est-à-dire 150 drachmes de cuivre) pour ton argent de poche par mois pendant les 12 mois (ce qui fait 1,800 drachmes par an). Tu toucheras (de plus) 200 argenteus, en sekels 1,000, 200 argenteus en tout en airain dont l'équivalent est de 24 argenteus de cuivre pour 2/10 (d'argenteus d'argent) (c'est-à-dire 4,000 drachmes de cuivre) pour ton argent de toilette d'une année, au lieu que tu voudras. C'est toi qui prends puissance d'exiger le paiement de ton huile, de ton argent de poche, de ton argent de toilette, qui seront à ma charge :

Que je te donne tout ce que je possède et tout ce que j'acquerrai en hypothèque nuptiale (mot à mot : en gage de femme). Je ne puis dire : Je t'ai donné l'argent de l'écrit ci-dessus en ta main (de la main à la main).

*Adhésion.*

La femme Héribast, fille de l'archentaphiaste Sohet dont la mère est Héri, dit : Reçois l'écrit ci-dessus de la main de Pétése fils de Chonouphis dont la mère est Heribast, mon fils aîné ci-dessus nommé : Qu'il agisse envers toi dans toute parole ci-dessus comme il est écrit ci-dessus et que j'accomplisse toute parole ci-dessus, mon cœur en est satisfait ; s'il n'agit pas envers toi selon toute parole ci-dessus, comme il est écrit ci-dessus, moi-même je les accomplirai, de force, sans délai.

## N° 6.

**Contrat de mariage memphite.**

L'an III.... des rois Ptolémée et Cléopâtre surnommée Tryphène, les dieux Philopators philadelphes, et des prêtres des rois qui sont inscrits à Racoti (Alexandrie).

L'archentaphiaste Teos, fils de Hor-uta dont la mère est.... dit à la femme ...... fille de ..... dont la mère est Bast-tu.

Je te prends pour femme, tu m'as donné, et mon cœur en est satisfait, 660 argenteus, en sekels 3,300, en argenteus 660 en tout, ce qui fait 2 kerkers (talents), plus 60 argenteus en airain dont l'équivalence est de 24 (argenteus de cuivre) pour 2/10 (d'argenteus d'argent) (c'est-à-dire 13,200 drachmes de cuivre ou deux talents plus 1,200 drachmes de cuivre). Je les ai reçus de ta main sans aucun reliquat, mon cœur en est satisfait.

Je t'établirai pour femme : à partir du jour ci-dessus, c'est toi qui t'en iras seule (de toi-même) : Je te donnerai les 660 argenteus ci-dessus dans le délai de 30 jours (un jour dans les 30 jours) : quand je t'établirai pour femme ou bien quand tu t'en iras seule (de toi-même), si je ne te donne pas les 660 argenteus ci-dessus dans les 30 jours ci-dessus :

Je te donnerai (aussi) 4 chénices d'olyre par jour (un xous d'huile de Tekem ou kiki) un xous d'huile fine (de sésame) pour ton huile par mois, plus 7 argenteus et 5/10, en sekels 37 et demi, 7 argenteus et 5/10 en tout en airain, dont l'équivalence est de 24 argenteus de cuivre pour 2/10 d'argenteus d'argent (ce qui fait 1,800 drachmes par an), plus : 300 argenteus, en sekels 1,500, 300 argenteus en tout en airain dont l'équivalence est de 24 (argenteus de cuivre) pour 2/10 (d'argenteus d'argent), ce qui fait un talent (ou 6,000 drachmes de cuivre), pour ton argent de toilette d'une année, au lieu que tu voudras, au nom du droit écrit ci-dessus. C'est à toi qu'il appartient d'exiger le paiement de ton olyre, de ton huile, de ton argent de poche, de ton argent de toilette qui seront à ma charge. Que je te donne ces choses.

La totalité de mes biens présents et à venir est en hypothèque nuptiale, au nom du droit résultant de l'écrit ci-dessus. Je ne puis te dire : je t'ai donné l'argent de l'écrit ci-dessus en ta main.

*Adhésion.*

L'archentaphiaste Hor-Uta, fils de Pahi, dont la mère est..... dit : que j'accomplisse toute parole ci-dessus, mon cœur en est satisfait. Reçois l'écrit ci-dessus de la main de Téos, fils de Hor-Uta, mon fils ci-dessus nommé ; qu'il agisse envers toi selon toute parole ci-dessus : s'il ne les accomplit pas à ton égard je les accomplirai dans le délai de... jours après les 30 jours ci-dessus, de force.

ANGERS, IMPRIMERIE BURDIN ET Cie, 4, RUE GARNIER.

Printed in Dunstable, United Kingdom

91219475R00077